Collection dirigée par Claude Gutman

Couverture Jeffrey Fisher

ISBN : 2-02-026346-7
N° 26346-1
Dépôt légal : mai 1996
Loi 49-956 du 16 juillet 1949
sur les publications destinées à la jeunesse

843.	Legendre, Françoise (1955 - ....).
914	Le petit bol de porcelaine bleue / Françoise Legendre.
LEG	– Paris : Éditions du Seuil, 1996. – 132 p. : couv. ill. en coul.; 20 cm.
	Roumanie – Conditions sociales – 1945-1949
	Famille. Amour. Exil. Courage.

Françoise Legendre

Le Petit Bol de porcelaine bleue

Seuil

Pour Marcel et Sandi, Maria et Teodosie,
pour Bertrand, Carole et Lucas.

1

Pendant neuf ans, j'ai habité appartement 36, bloc 3, strada Justitsiei, à Braïla, en Roumanie. Je n'ai jamais oublié cette adresse. Mon immeuble était comme les autres, jeté sur un grand terrain vague où les papiers sales voletaient sur une herbe rase, boueuse dès octobre, grise de poussière aux beaux jours. Certains immeubles étaient restés en chantier : les fenêtres sans vitres, les portes donnant sur le vide et sans doute les histoires de brigands cachés dans les caves me faisaient peur. Il y avait souvent des carreaux cassés. En hiver, la petite ampoule éclairait à peine les paliers. Lorsque je rentrais et qu'il faisait déjà sombre, je grimpais en courant les cinq étages.

Quand j'arrivais, la clef tournait déjà dans la serrure de la porte de l'appartement avant que je n'aie eu le temps de toucher la clenche. Bunica était là, elle guettait mon retour. Je montrais mon étonnement, rien que pour voir ce petit sourire apparaître sur sa bouche, accompagné d'un léger haussement d'épaules qui voulait dire :

– Mais non, il n'y a rien d'étonnant, je suis ta Bunica…

Elle était seule en fin d'après-midi et me faisait asseoir en s'empressant de me servir un goûter. Rien à voir avec les goûters d'ici… C'était du pain, du thé brûlant, de la *dulceatsa*, cette confiture de cerises tellement sucrée et douce qu'il fallait boire entre chaque cuillerée. Bunica me regardait, assise sur un coin de chaise. Elle était toute menue – j'étais sûr d'être vite plus grand qu'elle –, mais elle se tenait très droite, ses cheveux gris argenté bien maintenus par des peignes qu'elle réajustait sans cesse.

Mes parents rentraient plus tard. Ils travaillaient tous les deux dans une sorte d'usine autour d'un puits de pétrole, un « combinat ». Leur travail me paraissait compliqué, lointain. Ils parlaient toujours du laboratoire. Par moments, ils semblaient contents, enthousiastes, d'autres fois, ils rentraient abattus pour des raisons qui restaient pour moi totalement mystérieuses. Ma mère, toujours bien coiffée, laissait alors s'échapper des mèches de longs cheveux noirs de son chignon bas, des cernes se creusaient sous ses yeux gris. Ces soirs-là, elle m'embrassait sans y penser et tout ce que faisait

Bunica l'agaçait. Il n'y avait pas grand-place quand nous étions là tous les quatre. Bunica avait son lit dans la salle à manger, tout recouvert de coussins brodés pendant la journée : c'est dans cette pièce aussi que je m'installais pour travailler ou pour lire, le dos appuyé contre le buffet. Souvent, Bunica cousait ou repassait à un bout de la table, pendant que mes cahiers s'étalaient à l'autre bout.

Tous les soirs, elle venait s'asseoir à côté de moi pour suivre mon travail. Ensuite, elle me proposait des mots de français, me désignant les parties du visage, du corps, des meubles, des couleurs... Ses yeux brillaient. Elle me fixait pour tester ma compréhension. Je ne comprenais pas tout, mais une rivière coulait vers moi et je me laissais flotter.

J'appréhendais les leçons d'histoire qui donnaient quelquefois lieu à des discussions entre mon père et Bunica. Il avait toujours le dernier mot en lançant :

– Andrei doit apprendre ce qu'on lui demande d'apprendre, ne te mêle pas de ça !

Combien de fois ai-je vu Bunica se détourner, disparaître dans la cuisine, toute seule. Je ne comprenais pas leur discussion ni cette colère froide, je n'osais pas demander.

Mon père était très brun, ses cheveux faisaient des crans, il avait les yeux noirs. Souvent, il regardait ailleurs : je lui parlais de l'école, de M. Teodorescu, le vieil instituteur, de mes amis. Très vite, son regard flottait. Il ne m'entendait même plus, je me taisais. Moi aussi, bientôt, je rêvais.

J'entendais presque tous les jours :

– Andrei, reviens avec nous ! Toujours dans la lune, hein !

M. Teodorescu me pardonnait mes rêveries parce que j'apprenais vite, mais Virgil, Mihai ou Grigore, mon meilleur ami, ne rataient pas une occasion de se moquer de moi :

– Andrei va encore se faire pincer !

M. Teodorescu n'était pas méchant, mais il avait l'habitude de pincer la joue des rêveurs et des dissipés. Il tirait, tirait, tirait vers le haut, et on se retrouvait sur la pointe des pieds, jusqu'à ce qu'il lâche : la marque rouge restait visible pendant plusieurs minutes. Le samedi, quand il fallait laver les carrelages de l'école, je laissais le balai tremper dans le seau, sans m'en rendre compte, jusqu'à ce que M. Teodorescu vienne me tirer la joue…

Je revenais de l'école à pied par des rues bordées de maisons anciennes dont le crépi s'écaillait en larges plaques. Du linge séchait dans les cours, de vieilles femmes surveillaient des petits en cousant ou en bavardant, assises sur des chaises de paille. Le quartier des blocs surgissait au bout de la rue Calarashi. Chaque jour, avant de rentrer, j'aimais passer un bon moment à regarder l'eau, le fleuve large et lent, le Danube.

Dès que nous le pouvions, Grigore et moi dévalions les escaliers de l'immeuble jusqu'à la rue Justitsiei où les voitures et les charrettes zigzaguaient, évitant les parties défoncées et les bouches d'égout. Nous descendions au Danube. C'était notre aventure : devenus pirates, rois ou bandits sur les berges, nous lancions des cailloux, des bouts de bois, pour les regarder tournoyer ou filer selon les courants, les turbulences. Nous étions loin de la maison, des immeubles, des rues et de la ville auxquels nous tournions le dos.

Une bande de berge pavée nous appartenait ; enfin, c'est ce que nous avions décidé. Un petit mur de ciment était devenu notre repère, notre halte entre deux jeux. Nous nous asseyions, silencieux. Après quelques minutes, Grigore ou un autre se levait :

– Allez, on joue au capitaine Crochet !

C'est Bunica qui m'avait raconté l'histoire de Peter Pan. Pendant des mois, nous avons vogué entre l'île enchantée, la grotte, le bateau des pirates… Mais quand j'étais assis sur le petit mur de ciment, très vite, je n'entendais plus rien, je ne les voyais plus : je descendais le Danube.

Rien à voir avec ces cartes postales qui montrent un Danube comme un grand lacet bleu entre des collines. Non, le Danube à Braïla, c'est une route, une route immense, grise ou brune le plus souvent, qui avance et qui invite. Je regardais l'eau si longtemps que je partais avec le courant, les yeux fixes ; les bourrades de Grigore me faisaient sursauter, je me retrouvais assis sur le petit mur sous les yeux exaspérés et les rires :

– Alors, tu étais déjà arrivé au delta !

Le delta... C'était vrai, mes voyages immobiles me conduisaient souvent jusqu'à lui, jusqu'à la mer Noire, et même jusqu'à Vama Veche, où nous passions les vacances chaque été.

C'est bien là-bas, sur une plage de la mer Noire, l'été de mes huit ans, que tout a basculé.

2

Doïna habitait trois étages plus bas. Elle avait deux ans de plus que moi, on avait grandi ensemble. Pour moi, elle était de la famille, même si on ne se parlait pas beaucoup. Elle m'impressionnait. Elle était grande, tellement plus grande que moi. Elle avait des cheveux châtain clair aux boucles si fines qu'on croyait voir un nuage flotter autour de sa tête. Parfois, des tresses ou une queue-de-cheval faisaient ressortir son visage : des yeux sombres que je n'osais pas affronter, un menton volontaire, un nez droit. J'ai longtemps eu la certitude qu'elle savait toujours ce qu'elle allait faire bien à l'avance, et que rien ne pouvait résister à cette volonté. Elle avait l'air d'être au monde pour tout réussir. Sa présence près de nous me semblait provisoire et fragile. J'ai toujours senti qu'il me fallait la retenir, qu'elle risquait de disparaître à tout moment. Comment pourtant aurais-je pu savoir ?

Je n'aimais pas croiser ses parents dans l'escalier. Je voyais Doïna comme un rayon de soleil, eux portaient l'ombre. Je n'en garde qu'une image de grisaille et de doute.

Son père travaillait dans une administration. Personne ne savait ce qu'il faisait ni où exactement. Il me regardait fixement quand je le croisais dans l'escalier, il souriait, saluait mes parents, mais on sentait qu'il ne voulait pas s'attarder. Son silence m'inquiétait. Je l'avais, en secret, surnommé « Cloporte ». Il me faisait penser à la nuit, à des créatures aux mouvements furtifs et silencieux. Bunica m'avait dit un jour :

– Ne lui parle pas, c'est aussi bien, tout ce que tu dirais risquerait d'être répété...

– Répété ?

Bunica avait souri devant mon étonnement et m'avait caressé la joue.

– *Dragutsi*, n'y pense plus, ce ne sont que des affaires d'adultes.

Je ne voyais pas ce que le père de Doïna aurait pu trouver digne d'être répété venant de moi, et à qui ? Doïna ? Elle me paraissait si merveilleusement étrangère que je me rendais compte que rien, strictement rien de ma vie ou de mes pauvres paroles ne pouvait véritablement la toucher, encore moins l'intéresser. Je n'étais qu'un moustique à côté d'elle qui était fière et me criait souvent :

– Bonjour, Andrei *cel mic* !

Andrei le Petit, drôle de nom d'empereur…

Mais quand elle était avec son père, c'est tout juste si elle ouvrait la bouche. C'étaient là les seuls moments où son regard se faisait fuyant.

Sa mère était une petite femme à la fois ronde et légère. Elle sursautait pour un rien. Elle avait des cheveux très courts qui accentuaient un profil d'oiseau. Ses petits yeux clairs paraissaient toujours étonnés, craintifs. Elle ne travaillait pas et partait souvent, accompagnée d'autres femmes de l'immeuble, vers cinq ou six heures du matin, faire la queue dans les magasins où on pouvait espérer trouver quelque chose à acheter. Bunica aussi partait très tôt pour faire les courses, emmitouflée en hiver dans des lainages qu'elle superposait, des foulards, un gros bonnet qui lui faisait le visage encore plus menu. Elle mettait d'épaisses chaussettes grises qu'elle se tricotait elle-même, des gants de laine, et prenait les deux cabas noirs qu'on rangeait toujours près de la porte. Quelquefois, je la voyais se préparer dans l'entrée depuis mon lit, par la porte entrouverte de la chambre de mes parents. Je m'enfonçais sous les couvertures, pensant à la neige, au froid qu'elle allait trouver dans les rues mal éclairées. J'entendais souvent les voix de Bunica et de la mère de Doïna s'éloigner dans l'escalier : curieusement, Bunica appréciait sa compagnie, alors qu'elle ne saluait « Cloporte » que d'un bref hochement de tête. Un hochement de tête ! ma Bunica qui tentait de m'apprendre tant de formules de politesse adaptées aux situations les plus diverses... Il y avait là un mystère permanent qui m'échappait, installé comme d'autres dans ma vie de tous les jours, et pourquoi poser des questions ? Doïna réapparaissait toujours. J'oubliais les ombres, je ne voyais plus que ses boucles dorées qui dansaient dans l'escalier, ses doigts longs et fins, son regard qui portait toujours si loin.

Elle aimait les jeux de garçons et venait parfois se joindre à nous, près du Danube. Elle se jetait dans nos courses, nos fuites, nos attaques, comme si elle en avait elle-même construit les règles secrètes. Tout était plus dense, plus fort, dès qu'elle était avec nous. Elle ne parlait pas beaucoup, mais, peu à peu, c'est elle qui donnait des ordres et devenait le centre de notre petit groupe. Au bout de quelques semaines, c'en était trop ; moi-même je me réfugiais de plus en plus souvent dans mes rêveries, sur le petit mur de ciment. Les autres devenaient nerveux. Doïna le sentait. Elle disparaissait aussi soudainement qu'elle était apparue et je ne l'apercevais plus que de loin en loin, dans l'escalier de notre immeuble.

Les souvenirs que j'ai de ces années, même les plus anciens, les plus flous, Doïna est là qui les éclaire, toujours là, dans un nuage de cheveux dorés…

3

On passait les vacances dans une maison de Vama Veche, un village du bord de la mer Noire, près de Mangalia.

Quelquefois, nous partions faire une promenade dans le delta. Les gens d'ici ont du mal à imaginer cet endroit : rien n'y ressemble. Le grand fleuve a traversé l'Europe et semble s'endormir enfin avant d'arriver à la mer Noire. Le delta est le repos du fleuve, sa récompense.

Pourquoi est-ce toujours ce souvenir d'un après-midi de l'été de mes cinq ans qui surgit chaque fois que je pense au delta ? Mes parents et moi étions sur un bateau spécial qui emmenait les touristes pour une excursion dans quelques bras larges et profonds. Tout autour de nous, les gens s'exclamaient en différentes langues lorsqu'ils apercevaient de loin les oiseaux s'envoler et fuir ce vacarme. Le bateau s'était arrêté près d'un hameau, tous les passagers étaient descendus. Le groupe, conduit par un guide, s'était immobilisé devant un vieil homme qui réparait ses filets. Il était assis par terre ; on pouvait voir sa cabane toute proche, au sol de terre battue. Il était pieds nus, portait un vieux pantalon rapiécé, une chemise sale ; des rides toutes noires se creusaient autour de sa bouche. Il avait poursuivi son travail, sans un regard pour tout ce monde, sans une seule fois lever la tête. Je me souviens avoir entendu papa murmurer quelques mots alors qu'apparaissaient des dizaines d'appareils photo. Il me tenait la main et la serra si fort que j'en eus mal. J'allais lui demander pourquoi, mais déjà, ma question ne servait plus à rien. Je n'ai plus osé regarder le vieux pêcheur, j'ai baissé les yeux sur les filets bien étalés devant lui, et j'ai eu envie de pleurer.

Maman m'a fait reculer, nous sommes retournés sur le bateau. Nous n'avons plus jamais refait d'excursion organisée. Toutes les autres promenades eurent lieu à bord de petites barques conduites par des pêcheurs. Nous découvrions, à l'aube, les pélicans, les grues, les flamants roses. Blotti dans la barque avançant doucement tout au cœur des roseaux, entouré de brise humide, de cris d'oiseaux si proches et de brume, je goûtais, dans les bras odorants et immobiles du Danube, le bonheur de mes rêveries de toute l'année.

C'est à Eforie, une station située non loin de Vama Veche, que j'ai rencontré Gilles et ses parents. Il ne faisait pas attention à moi, ni à personne d'ailleurs. Il ne se mêlait pas aux troupes d'enfants qui jouaient sur la plage. Il ne s'occupait que des formidables châteaux de sable auxquels il travaillait des après-midi entiers : constructions compliquées avec étages, toits en pente, douves, portes et ponts. Ces châteaux n'avaient rien de commun avec les cônes tout lisses dont je m'étais contenté jusqu'alors. Il tapotait le sable mouillé interminablement et je l'admirais. Il n'était pas plus grand que moi, roux et frisé, il portait un short et une casquette aux couleurs fluorescentes, des lunettes de soleil un peu bas sur le nez. On voyait tout de suite qu'il venait d'un pays de l'Ouest et je me sentais un peu gêné dans mon slip de bain bleu marine.

Un incident me permit de l'aborder. Il portait une chaîne en or autour du cou. Pendant que je l'observais en faisant semblant de gratter le sable, sa chaîne s'est décrochée. Je l'ai vue tomber dans une des douves de son château, mais lui ne s'est aperçu de rien. Je n'ai rien dit. Pourquoi ? Je n'en ai, aujourd'hui encore, aucune idée. Gilles est parti peu de temps après. C'était l'heure du repas de midi à l'hôtel Parc dont la tour de plus de vingt étages se dressait tout près de la plage. Moi, je restais sur le sable. Nous pique-niquions sous le parasol. Sur une nappe blanche, on étalait le pain, le *brinza* de Braïla, ce bon fromage blanc et dur qu'on conserve en gros blocs dans la saumure, la purée d'aubergines, la moussaka d'oignons fraîche qui avait cuit doucement de longues heures à la maison de Vama Veche, embaumant toutes les pièces d'odeurs d'épices.

Je regardais la construction de sable abandonnée, rêvant au trésor mystérieux que renfermait l'une de ses douves. Soudain, sur la plage désertée par les touristes étrangers, partis déjeuner dans les restaurants d'Eforie, des cris éclatèrent. Les parents de Gilles approchaient, précédés de leur fils qui marchait la tête baissée. Je ne comprenais pas le sens des mots, mais je sus tout de suite que la perte de la chaîne était la cause de la colère des parents. Je me précipitai vers le château de sable, plongeai la main dans la douve que j'avais repérée. Mes doigts trouvèrent immédiatement la chaîne dans le sable fin. Je m'élançai à leur rencontre en brandissant le bijou. Ils s'arrêtèrent tous les trois en me voyant venir au-devant d'eux. Gilles reçut la chaîne que je lui mis dans la main. Ses yeux étaient pleins de larmes derrière ses lunettes de soleil. Il me regarda, essayant de sourire, mais son menton tremblait encore. Il dit simplement : « Merci ». Je connaissais ce mot-là, il était parmi les premiers que Bunica m’avait appris. Je répondis : « Cu placere », puis je tentai : « De rien », en prononçant de mon mieux. Cette fois, Gilles sourit pour de bon.

4

Je m'aperçus alors que papa était en train de parler avec les parents de Gilles. Ce qui me stupéfia, c'est qu'il parlait français alors que je ne l'avais jamais entendu prononcer un seul mot à la maison. Certes, il cherchait ses mots, mais il semblait bien comprendre, la conversation durait. Gilles me montra le bord de l'eau, là où se dressait toujours son beau château. Une course de quelques secondes et nous y étions tous deux. Ses doigts étaient magiques : il modelait le sable comme il voulait, consolidait, moulait, ciselait. Il commençait à me montrer les tours à venir, le futur donjon, les ponts indispensables, quand les parents nous appelèrent. C'est à ce moment, à ce moment seulement en réalité, que j'ai su qu'il s'appelait Gilles.

Nous nous sommes retrouvés l'après-midi même, et tous les jours qui suivirent car papa et maman décidèrent de revenir régulièrement à la plage d'Eforie. Les autres étés, nous n'y allions que de temps en temps, à ma demande, le plus souvent. Mes parents préféraient de loin le calme du jardin ou la plage plus proche et plus tranquille de Vama Veche. Eforie, c'était les hôtels réservés aux étrangers, les grandes rues toutes droites, le monde, la route qui coûtait cher en essence, les risques de panne aussi pour notre vieille Dacia dont la moindre pièce défectueuse à remplacer réclamait tant d'argent, de patience et de talent à mon père que la mécanique ennuyait.

Bunica ne nous accompagnait jamais, craignant le soleil, la luminosité de la plage au sable si clair, la fatigue de la route. Autant de raisons de ne pas céder à mon envie d'Eforie deux jours de suite... Cet été-là pourtant, presque tous les jours se passèrent à Eforie, malgré la route, le prix de l'essence, et l'absence de Bunica.

La joie de mon amitié toute neuve pour Gilles, la soif de l'inconnu qu'il représentait à mes yeux étaient telles que je ne m'étonnais pas de cette nouvelle façon de passer les vacances. Si une question pointait parfois dans ma tête, je m'imposais de la rejeter comme si le fait même de la poser risquait de casser le fil de ces journées magiques.

Bunica semblait soucieuse quand nous rentrions en fin d'après-midi. Le premier jour, j'étais vite allé la retrouver dans la pénombre fraîche de la maison pour lui raconter Gilles et ses parents, les châteaux de sable, le français que papa semblait finalement si bien maîtriser... Elle m'avait répondu en souriant et elle avait échangé avec papa un regard dont je n'avais pas compris le sens. Là encore, je décidai d'oublier. Mais les jours suivants, en revenant d'Eforie, je restai dans le jardin, préférant me répéter les nouveaux mots de français que j'avais saisis dans la journée, repenser aux baignades et aux longs moments de silence où nos mains construisaient tours et créneaux.

Gilles me racontait l'appartement où il avait une chambre pour lui tout seul, ses copains, ses parents. Ils travaillaient tous les deux. Sa mère était médecin, son père chercheur, comme le mien !

Il me parlait des anniversaires qui semblaient donner lieu à des avalanches de cadeaux compliqués, ne ressemblant à rien de ce que j'avais vu et encore moins possédé jusqu'alors. Je pensais à Bunica partant tôt faire la queue devant des vitrines vides, aux moments de découragement de ma mère durant de longues périodes de pénurie de viande ou de lait. Je me taisais.

Nos châteaux se faisaient de plus en plus solides, des passerelles reliaient certaines tours, des chemins de ronde couraient sur les fortifications que mouillaient les premières vaguelettes du bord.

Je racontai mes jeux au bord du Danube et comme il fallait craindre les inondations quand le fleuve gonflait, gonflait pour déborder, ramper sur les prairies, sur la campagne, jusqu'à noyer les arbres dans la multitude de bras du delta.

J'eus envie de l'impressionner ; je lui demandai d'un air de rien :

– Tu connais la légende du delta ? C'est Neptune, le dieu de la mer, qui s'est endormi au bord de cette mer, là, devant toi, la mer Noire. Il s'est allongé, doucement…

Je me couchai sur le sable en fermant les yeux, étendis un bras :

– Il a posé son trident sur le sol, près de lui, et s'est endormi. Les trois branches de son trident ont laissé une empreinte formidable : on peut la voir encore aujourd'hui, ce sont les trois bras principaux du delta !

J'éclatai de rire en me relevant : Gilles me regardait, la bouche entrouverte.

– C'est beau ! D'où est-ce que tu connais tout ça ?

– C'est M. Teodorescu, mon instituteur, qui nous a raconté la légende. Il y a beaucoup de gens qui trouvent ça ridicule, moi j'y pense souvent…

Le temps coulait comme le sable. Nous nous rêvions bâtisseurs de cathédrales ou d'arcs de triomphe, seigneurs de la mer, puissants chevaliers. Je pensais quelquefois à Grigore ou Mihai que mes silences énervaient. Je me disais que ces vacances-là étaient les plus belles de ma vie.

5

Nos parents passaient ainsi presque tous les après-midi ensemble. Quand nous revenions près d'eux pour le goûter, je saisissais des bribes de phrases. Je comprenais qu'il s'agissait de recherche, de laboratoires, sans pouvoir déterminer si tout cela se passait en France ou en Roumanie. Ils étaient tellement passionnés que c'est la mère de Gilles qui remarquait notre présence et nous sortait les goûters. Elle était très douce, assez pâle, ses cheveux roux et frisés étaient les mêmes que ceux de son fils. Elle se protégeait du soleil avec un chapeau de paille à large bord, autour duquel était noué un ruban vert clair. Elle ne connaissait pas du tout le roumain, mais c'est elle que je comprenais le mieux ; sans doute parlait-elle très lentement.

Un jour que Gilles était resté près de l'eau pour terminer une tourelle et que son père, M. Balland, et mes parents discutaient sans me voir, elle me fit venir près d'elle, sur sa serviette de bain blanche. Je m'assis et vis de près ses yeux verts piqués de petits points dorés. Elle me sourit et me dit à l'oreille :

– Il faut que je te demande pardon.

Elle rit, sans doute devant mon visage ahuri, et reprit sérieusement :

– Lorsque Gilles est revenu l'autre midi et qu'il n'avait plus sa chaîne autour du cou, j'ai tout de suite pensé que quelqu'un l'aurait trouvée et emportée.

– Oui, c'est vrai, quelqu'un aurait pu la voler...

– Oui, bien sûr. Mais je n'ai pas imaginé qu'il soit possible que quelqu'un la trouve et nous la rende, comme tu l'as fait.

– Pourquoi ?

– Par bêtise... Voilà pourquoi je voulais te demander pardon.

Elle souriait. Ce qui me troublait et m'impressionne encore aujourd'hui, c'est qu'elle s'adresse toujours aux enfants, même plus petits que je ne l'étais alors, comme s'ils étaient capables de tout comprendre, exactement comme des adultes, peut-être même mieux qu'eux.

Elle ajouta :

– Tu ne le répéteras pas ?

J'acquiesçai, heureux sous ses yeux d'eau

verte et dorée. Je mordis dans mon pain en regardant la mer. Je me sentais bien. Comme toujours, c'est à ce moment que le visage de Doïna m'envahit. Je fermai les yeux pour mieux le voir. Doïna, il me vint à l'esprit que je la reverrais, dans très longtemps, à Braïla, autant dire dans un autre monde. Je demandai :

– Il reste encore combien de semaines de vacances ?

– Deux semaines, répondit papa, soudain attentif à ma question.

– Seulement !

– Mais cela fait déjà trois semaines qu'on est là, et ne te plains pas, *corcodoush**, quinze jours qu'on passe à Eforie.

Quinze jours ! Il me semblait que notre rencontre datait de la veille. Il me semblait aussi que le secret que je partageais maintenant avec Marianne, la mère de Gilles, ne pouvait être que le début d'une histoire inconnue, écrite dans un langage que je n'avais jamais rencontré, mais dont les signes étranges m'avaient déjà livré un peu de leur sens.

Les jours qui suivirent n'eurent plus tout à fait le même goût. Gilles était le même, tout se passait comme avant. C'est moi, sans doute, qui ne pouvais plus me jeter dans ces journées de

* Petite prune.

bonheur égal, cherchant à déguster chaque seconde avec une concentration trop intense.

Et pourtant non. Ce changement d'ambiance ne tenait pas à moi seul. Je remarquai que les conversations des parents s'arrêtaient net à notre approche, contrairement aux premiers jours où ils ne nous prêtaient guère attention. À présent, ils se taisaient ou changeaient maladroitement de sujet. Je le savais, car mes progrès en français étaient rapides, les mots volaient entre Gilles et moi. Nous en étions presque à parler les deux langues indistinctement, les mêlant au cœur des phrases sans plus y penser. Nos parents ne réalisaient pas ces progrès et ne soupçonnaient pas que je percevais leur manège. La mère de Gilles, toujours un peu à l'écart, me souriait, me faisait signe de venir quand j'étais seul. Je m'asseyais sur la serviette blanche. Elle se doutait, je pense, de ma perplexité.

À elle, je racontai tout bas comme je me sentais bien au bord du Danube, l'envie de partir en restant immobile. Une histoire que mon père m'avait racontée me revint :

– Vous savez, en hiver, le Danube gèle. Bunica dit qu'il gelait encore plus avant. Eh bien, il y a longtemps, au cœur de l'hiver, quand la glace était épaisse sur le fleuve, le pope venait. On faisait un trou dans la glace. Les jeunes hommes les plus courageux se déshabillaient, on les enduisait de graisse. Une croix dorée était lestée d'un poids qui lui permettrait de se maintenir entre deux eaux : il ne fallait pas qu'elle reste à la surface ni qu'elle coule trop profondément. Le pope jetait la croix, tout le monde tentait de l'apercevoir. Les hommes sautaient alors dans l'eau glaciale : celui qui ressortait avec la croix la brandissait au-dessus de sa tête. Il était acclamé, c'était un héros.

– Si cela se faisait encore, aimerais-tu toi aussi plonger sous la glace pour aller chercher la croix ?

La question était posée doucement, de cette voix un peu trop grave. Je trouvais qu'elle avait la voix des secrets.

– Je crois que j'aimerais le faire si vous étiez là, ou bien…

– Ou bien ?

– Vous, ou bien aussi, Doïna.

Elle ne dit rien. Elle écoutait comme personne. À elle, qui me regardait en laissant couler du sable entre ses doigts, je dis :

– Doïna, c'est comme si c'était ma sœur, mais elle ne le sait pas, elle est bien trop grande.

Je chuchotai :

– Trop belle…

Je me levai, vaguement effrayé par ce que je venais de dire, et je m'enfuis en courant jusqu'à l'eau où je me jetai en frappant les vagues.

Je remarquai, un après-midi, que le père de Gilles avait déplié une carte sur le sable. Il montrait quelque chose à mes parents.

Je m'approchai et demandai avec une brusquerie qui me surprit moi-même :

– Montrez-moi donc où est votre maison !

Ils se regardèrent tous, surpris à la fois par mon français et par le ton que j'employais. M. Balland désigna un rond tracé au crayon bleu sur la carte et dit :

– C'est là, à Caen, pas très loin de la mer.

Je connaissais déjà le nom de la ville, Gilles me l'avait dit et se moquait de ma prononciation en me répétant : « Mais non, pas Cannes ! Caen ! Cannes, c'est dans le Midi ! »

Je n'entendais pas la différence : ce n'est venu que bien plus tard. Je restai longtemps penché sur la carte, suivant le cours des rivières, déchiffrant les noms de provinces, de départements ou de villes, jusqu'à ce que Gilles vienne me chercher et m'emmène sous le regard souriant et grave de sa mère.

6

Les jours se mirent à passer très vite. L'autre versant des vacances défilait dans le sable fin, l'eau salée, les soirées douces à la maison de Vama Veche. Après le dîner, je marchais sur la terrasse tout odorante des fleurs du jardin. Elle faisait le tour de la maison, abritée d'un auvent en bois. J'aimais suivre très soigneusement du bout des doigts les rainures des planches sculptées de la balustrade.

Deux jours avant le départ de Vama Veche, j'allai trouver mon père qui lisait, installé sur la terrasse, dans l'air doux de la nuit tombante. Maman était là aussi. Elle avait appuyé sa tête contre le dossier de son fauteuil et fermé les yeux.

– Papa, est-ce qu'on les reverra, après ?

Son regard lourd et pensif plongea dans mes yeux pendant quelques secondes interminables.

– Bien sûr, on les reverra, certainement… Tu

veux parler de ton ami de la plage et de sa famille, c'est ça ?

– Mais quand ? Où ? Pourquoi est-ce qu'on n'irait pas en France pour leur rendre visite, à Caen ?

Maman avait ouvert les yeux ; elle m'attira contre elle.

– *Dragutsi*, ce n'est pas si facile. Tu as vu sur la carte, c'est loin la France, c'est un voyage qui coûte très, très cher.

– Mais on pourrait économiser, toute une année ou même…

– Non, ça suffit ! Et toi, pour une fois, ne raconte donc pas n'importe quoi à ce gosse !

Jamais je n'avais entendu papa parler sur ce ton à maman. On aurait dit qu'il lui en voulait. Il avait frappé du poing sur l'accoudoir du fauteuil.

Je fondis en larmes. Gilles, sa mère allaient partir, disparaître. Je n'aurais plus que les souvenirs, comme toujours. Ils allaient partir dans ce monde où je finissais par me sentir chez moi : monde de mirages, d'illusions construites et de voyages immobiles. Je ne les reverrais jamais et je ne saurais pas pourquoi, ni pourquoi cette colère, ni tous ces silences autour de moi. Papa se leva et s'accroupit devant moi, ses yeux face aux miens, tout près. Il mit ses mains sur mes épaules :

– Écoute-moi, Andrei, ce n'est pas seulement la question d'argent. On n'a pas le droit de partir comme ça. Il faut des papiers, des autorisations, et on ne peut pas avoir d'autorisation pour plusieurs personnes à la fois. On ne peut pas sortir de Roumanie ensemble. Maintenant, mon grand Andrei, il faut que tu penses à autre chose, oublie cela pour l'instant. Compris ?

Il me regarda un moment. Je me sentis tout à coup devenu adulte, avec un poids trop lourd sur le cœur. Je ne pus m'empêcher de sangloter, juste au moment où il allait parler encore. Tout se brouillait et la fin de ces vacances m'apparaissait comme la fin de mon enfance.

La veille du départ, Gilles et ses parents nous attendaient sur la plage, à l'endroit habituel. Gilles m'entraîna aussitôt :

– Viens, j'ai quelque chose à te montrer.

Tout au bord de l'eau, un dessin courait sur plusieurs mètres. Je ne vis pas ce qu'il représentait, mais Gilles me plaça à l'intérieur des lignes, sur un point choisi avec soin, de façon très précise. Des lettres étaient modelées, juste à côté de mes pieds. Je déchiffrai :

– C A E N.

C'était une carte, une carte de France qu'il avait tracée sur le sable, dessinant des fleuves, des villes et même des montagnes. Nous nous tenions tous les deux sur ce point de la carte en riant, comme s'il s'était agi d'une île.

Pour une fois, c'est nous qui n'avons pas vu

approcher nos parents. Tout à coup, nous nous sommes aperçus qu'ils étaient là, debout à l'extérieur du tracé de la carte, et nous regardaient, amusés.

C'est mon dernier beau souvenir de cet été-là.

Je ne sais plus comment nous nous sommes quittés, à la fin du dernier après-midi. Nous n'avons pas parlé de nous revoir. La maman de Gilles m'a embrassé, devant notre voiture qui nous ramènerait le lendemain à Braïla :

– Petit Andrei, n'oublie pas notre secret.

Elle a glissé quelque chose dans la poche de mon short.

Maman avait les larmes aux yeux. Elle a tenu ma main dans la voiture tandis que nous quittions Eforie. Papa était silencieux au volant. Qu'est-ce qui pouvait donc les toucher autant, eux qui avaient passé leur temps à discuter de recherches... Encore une question sans réponse, s'ajoutant à toutes les interrogations que j'avais soigneusement reléguées dans l'oubli durant tout le mois. Elles m'envahissaient maintenant toutes ensemble, de toute leur force, et c'est sur le siège arrière de la voiture, sur la route de Mangalia, qu'une angoisse sourde a commencé à m'envahir. Aujourd'hui encore, alors que tout est si loin, que je suis ici, pensant, écrivant en français, elle me tient comme une tenaille immobile et toute ma vie, elle me tiendra.

7

À Braïla, Grigore et les autres n'étaient pas encore rentrés de vacances. J'allai passer plusieurs après-midi au bord du Danube, tout seul. Mes parents avaient repris le travail et repartaient chaque matin vers Galatsi. Leurs conversations sur le laboratoire reprirent le soir, comme avant. Bunica préparait mes repas, mais évitait curieusement de me parler français, alors que j'aurais été capable à présent de lui répondre. Ne m'arrivait-il pas de rêver en français ? Ma Bunica, mon adorable et douce Bunica m'énervait. Je ne voulais plus voir ses coussins brodés sur le canapé, ses grands cabas noirs emportés le matin pour faire la queue dans les magasins, ses sourires si effacés, ni même sa peine que je devinais. Je ne voulais plus l'entendre m'appeler « *dragutsi* », « *corcodoush* » ni « *comoare** ». Je me retranchai résolument

* Trésor.

dans mes souvenirs : les châteaux de sable partagés, la douce serviette de bain blanche, la petite chaîne d'or dans la douve, les pique-niques, tous ensemble… Je ne voulais pas que tout, ici, continue comme avant. Je ne voulais plus, surtout, de ce silence autour de moi. La colère m'habitait. Contre la ville, contre ces immeubles regroupés sur les terrains vagues, et même contre la petite bande pavée, le long du Danube : tout me semblait révoltant de grisaille et d'ennui. Je repensais à ce garçon qui reçoit un éclat de glace en plein cœur dans un conte que m'avait un jour raconté Bunica : *la Reine des neiges*. Je comprenais bien maintenant pourquoi le garçon au cœur durci avait suivi la reine, je brûlais de suivre son exemple.

C'est par une fin d'après-midi chaude et lourde que Doïna vint me rejoindre. J'étais assis sur le petit mur de ciment, le menton calé sur mes genoux relevés. Je ne l'ai pas entendue venir. Sa voix m'a fait sursauter :

– Déjà de retour, capitaine Cook !

La colère m'abandonna d'un coup.

– Alors, reprit-elle, on a la nostalgie de la France !

– Mais, mais, comment tu sais ?

– Ma mère a parlé avec ta grand-mère… Et j'ai entendu ce qu'il y avait à entendre, c'est tout !

Je fixais mes genoux, je n'osais plus bouger

un cil. Doïna, le chef des brigands dans les jeux de notre groupe, ma déesse de pierre, mon voyage le plus secret, approcha son visage du mien, tout près, et chuchota :

– Pauvre petit Andrei, tu finiras par grandir, et c'est toi qui gagneras, tu peux me croire. Tu ne m'oublieras pas, après, n'est-ce pas ?

Je ne comprenais pas ce qu'elle disait. L'oublier ? Comment, jamais bien sûr ! Qu'est-ce qui m'a pris quand j'ai saisi sa main pour l'embrasser, la touchant à peine de mes lèvres, comme je voyais si souvent mon père et tous les hommes le faire ? Elle ne dit rien, je suppose, car je m'enfuis en courant pour me cacher au coin d'un escalier sombre de mon immeuble, n'osant même pas affronter l'appartement ni la trop douce présence de Bunica.

L'école devait reprendre quelques jours plus tard. J'essayais de me convaincre que le rythme des journées me rapporterait un peu du calme d'avant les vacances. Évidemment, il n'en fut rien. Les jeux, les cours, les bousculades reprirent. Je jouais un peu avec Grigore, je m'efforçais de ressembler à celui que chacun connaissait. M. Teodorescu n'était plus mon instituteur, mais il vint pourtant me trouver un jour, à la sortie de l'école :

– Qu'est-ce qui t'arrive ? Tu n'es plus le petit Andrei dans la lune, tu es ailleurs maintenant.

Si tu as des soucis, tu sais que tu peux m'en parler…

Il m'ébouriffait maladroitement les cheveux en me parlant. Je n'osai pas soutenir le regard de ses yeux bleu pâle. Je bredouillai une excuse et m'enfuis en courant jusqu'à la strada Justitsiei. Bunica m'ouvrit, comme toujours, juste avant que je ne touche la porte, surprise de me voir arriver plus tôt que d'habitude. Moi aussi, j'étais surpris : mes parents étaient déjà là, assis à la table de la salle à manger. J'allais sourire, c'était si rare qu'ils rentrent tôt de leur travail, mais le regard ennuyé qu'ils échangèrent m'arrêta. Ils commencèrent à replier une grande carte étalée sur la table. Je m'approchai : c'était la carte du père de Gilles. La ville où ils habitaient était entourée de ce trait bleu que je reconnus tout de suite.

– Qu'est-ce que vous faites ?

– Oh, rien, on se rappelait les bons souvenirs de vacances ; maintenant, on range ! Comment ça s'est passé aujourd'hui à l'école ?

La carte disparut en quelques secondes, mon père se plongea dans le journal *Scinteia* qu'il parcourait habituellement très rapidement, maman alla dans la cuisine tandis que Bunica apportait du thé et de la *dulceatsa*. Je goûtai sans rien dire, étranglé de silence.

8

Tout alla plus vite ensuite. L'automne, cette année-là, laissa très tôt la place à la neige. Des morceaux de glace flottaient sur le Danube. Je les suivais des yeux... Le fleuve et ses berges, mes parents et Bunica, Grigore et ses jeux, les autres, l'école, et même Doïna m'apparaissaient à travers une vitre. Comme si une anesthésie très légère me permettait de tenir en équilibre, alors même que je sentais cet équilibre en danger, sans arriver pour autant à percevoir d'où pouvait venir la menace. Je parlais de moins en moins. Les connaissances de mes parents souriaient en disant que je ressemblais décidément de plus en plus à mon père. Moi, je me demandais si je n'étais pas en train de devenir fou.

Noël arriva. Chaque année, c'était l'occasion d'aller chez mon grand-oncle. Il habitait à Poiana Cristei, un village situé dans la courbure des Carpates, tout au bout d'une route défoncée. Nous y allions en voiture, sauf si l'essence venait à être trop rare pour entreprendre le voyage ou si une de ces innombrables pannes de moteur nous l'interdisait. C'était une petite maison en bois, au cœur du village. Les ornières de la rue de terre se creusaient au gré des averses et des passages de charrettes jusqu'à l'arrivée de la neige en décembre. Un portillon de bois donnait sur un jardinet où poussaient quelques tournesols dont on pouvait croquer les graines en été, des tomates, de la broussaille ombragée par une vigne appuyée sur un fil de fer rouillé. L'odeur de la maison était forte et me saisissait la gorge quand j'entrais : étoffes trop longtemps immobiles, portes souvent fermées. Tout sentait le passé, mais aussi le tanin des peaux de mouton, le parfum du bois des meubles et des cloisons, la chaleur du poêle qui chauffait la pièce principale. Des napperons, de fines écharpes brodées étaient accrochés au mur.

Une photo de mariage, mise sous verre, était posée sur une table basse, tout près du lit où l'on m'installait, près du poêle. L'homme regardait l'objectif d'un air si décidé que je n'ai jamais pu l'affronter plus de quelques secondes. Il portait un nœud papillon, une veste de costume sombre et rayé. Au revers étaient épinglés quelques petites fleurs blanches et un billet de banque. Pendant des années, je me suis imaginé qu'il devait posséder des richesses fabuleuses au point que ses coffres et ses poches ne suffisaient pas à toutes les contenir. Le regard de l'homme me semblait alors exprimer toute la puissance du monde et me donnait le frisson. J'appris ensuite que le billet n'était là que pour porter bonheur, forcer le destin. Le regard prit alors pour moi la détermination et la dureté de ceux qui sont prêts à tout pour arriver à leurs fins : je savais déjà que je n'étais pas de ce clan. Ces yeux-là semblaient désormais m'en vouloir d'exister et d'être un obstacle de plus à éliminer.

La femme souriait d'une expression un peu lointaine. Elle était légèrement penchée vers son mari, comme si elle avait craint de ne pas être sur la photographie. Sa présence me rassurait et j'aurais bien aimé être près d'elle. Je m'endormais souvent à son bras.

Le vieil oncle était veuf. Toujours habillé de noir, il portait un drôle de chapeau tout rond qui descendait assez bas sur son front. Quand il sortait, il endossait un gilet de peau de mouton, dont l'odeur me faisait suffoquer, et portait de grosses galoches noires. Son visage était ridé et sombre, mais ses yeux souriaient quand il me racontait des histoires de diable, de « drac », de vampires…

Le soir de Noël, la petite église orthodoxe du village accueillait tous les habitants pour la messe. Le pope arrivait du fond, par une porte à double battant. Des cierges éclairaient l'église et faisaient vivre les icônes sombres et dorées qui décoraient tous les murs. Pour la communion, le pope au costume d'or scintillant dans la lumière des flammes partageait le gâteau de Noël et chacun recevait un morceau… Habituellement, j'adorais ce moment. Dans la petite église aux mille lueurs, entouré de mes parents, de Bunica, du vieil oncle et de tout le village, je prenais le morceau de gâteau comme un talisman, une nourriture au pouvoir magique qui exaucerait mes vœux. Je fermais presque les yeux pour ne plus apercevoir que la flamme du cierge le plus proche et je guettais les signes annonçant la couleur de l'année à venir.

Cette fois-ci, je clignai des yeux et je vis le soleil de l'été, la serviette éblouissante de Mme Balland, la colère de papa, les cheveux en nuage doré de Doïna qui s'approchait et sa bouche qui me murmurait : « Tu ne m'oublieras pas là-bas, n'est-ce pas ? »

Je fermai les yeux, mais c'est son père, le « Cloporte », qui m'apparut alors comme une silhouette sombre qui m'espionnait et se transformait peu à peu en capitaine Crochet ricanant. J'essayai de penser à mes parents, à Gilles et ses mains dans le sable fin, au sourire de sa mère, mais Crochet était déjà sur moi et grondait en grimaçant : « Alors, comment dis-tu cela en français, dis-le donc ce mot qui t'occupe depuis des mois, dis-le ! » Je ne pouvais plus bouger ni détacher mes yeux de ses dents jaunes, je cherchais et cherchais un mot sans le trouver : il se jeta sur moi. J'entendis un hurlement et réalisai que c'était ma propre voix alors qu'un tourbillon de feu s'abattait sur moi.

Quand j'ouvris les yeux, j'étais allongé dans la chambre de la maison du pope. Ma mère était penchée sur moi et m'épongeait le front avec un tissu frais, mon père me faisait boire un liquide brûlant qui me fit tousser, de la *tsuïca**, sans doute. Bunica tenait mes mains en scandant doucement :

– Là, mon *corcodoush*, là, mon *dragutsi*, tu es revenu, là, *dragutsi*...

On me porta jusqu'à la maison du vieil oncle. J'entendais le bruit des pas dans la neige fraîchement tombée. Les étoiles dans le ciel noir et glacé me paraissaient étrangement proches ; on me mit au lit.

Le lendemain de ce Noël que je passai dans un demi-sommeil, on rentra à Braïla où le docteur diagnostiqua un coup de froid et une sorte de surmenage. Surmenage. Le mot m'était inconnu, je l'acceptai sans rien dire. Les malheurs et bonheurs que j'entrevoyais désormais comme des ombres autour de moi, je n'en dis rien non plus. Le mois de janvier s'avança, l'école reprit, personne ne parla plus de l'incident.

* Alcool de prune.

9

C'est arrivé un soir de la fin janvier. Je rentrais de chez Grigore. Il m'avait montré ses livres reçus en cadeau de Noël. Il avait bien voulu me prêter *Le Livre de la jungle*, que je m'apprêtais à dévorer le soir-même. J'ouvris la porte à toute volée et m'engouffrai dans l'appartement en courant. Je m'arrêtai net dans la salle à manger : mes parents étaient là et contemplaient des lettres, des formulaires étalés sur toute la table. Je repérai tout de suite une pochette de plastique rouge, ouverte, d'où dépassaient des billets d'avion.

– On... on va partir, on va en France ?

Mais en parlant, je réalisais déjà que ce n'était pas possible, trop de mystère, trop de silence autour de ces préparatifs.

Le silence se prolongeait.

– Mais enfin, ils sont pour qui ces billets d'avion ?

Je connaissais la réponse. Je voulais me l'entendre dire.

– Viens, *dragutsi*, dit maman en me faisant asseoir près d'elle, je vais t'expliquer ce qui se passe. Tu te souviens de M. et Mme Balland ?

– Et alors !

– Tu te souviens aussi que M. Balland était chercheur ?

Je serrais les dents.

– M. Balland nous invite pour un congrès, et aussi pour travailler un peu avec lui, dans son laboratoire, pour une durée d'un mois et... Elle hésitait en me regardant de ses yeux gris où je vis l'appréhension.

– Et quoi, quoi donc ?

– Papa et moi avons l'autorisation d'y aller tous les deux, mais ni toi ni Bunica ne pouvez venir. On a fait la demande, mais c'est impossible, on ne peut pas obtenir de visa, on ne peut pas quitter la Roumanie tous les quatre ensemble.

– Mais enfin, pourquoi ? bégayai-je d'une voix qui devait être suppliante.

– Parce qu'on pourrait croire qu'aucun de nous ne reviendra jamais, répondit papa d'une voix forte, et inutile de raconter des mensonges à cet enfant, il faudra bien qu'il finisse par savoir un jour dans quel genre de pays il vit !

Il se leva brusquement, partit dans la chambre et claqua la porte derrière lui.

Je m'arrachai des bras de maman. Je pus retenir mes larmes jusqu'à la cuisine. J'allai me recroqueviller dans le coin où j'avais toujours trouvé refuge, du plus loin que je pouvais me souvenir, contre le radiateur, près du petit placard sombre où l'on rangeait les oignons et les pommes de terre. C'est Bunica qui vint m'y retrouver. Elle me caressa les cheveux :

– Ce ne sera pas long, je serai là, tes amis aussi, tu as bien le temps d'aller en France, mon petit *corcodoush*, tu as tant de temps...

Longtemps, doucement, sa voix me berça, et je finis par me calmer. Je me raisonnais : je n'étais pas du voyage cette fois-ci, mais j'étais bien certain d'y aller, un jour, pour retrouver Gilles, sa mère, et voir ce pays dont la langue m'avait envahi. Un mois sans mes parents, ce ne serait pas si long, juste quelques semaines...

Je décidai de travailler dur à l'école, d'être volontaire dans les activités des Faucons de la Patrie, auxquels tous les écoliers devaient normalement appartenir. Je voulais relever la tête, être fort, au moins en avoir l'air, et peut-être aussi tenter de leur donner des regrets de me laisser, leur faire croire que je ne les aimais pas tant que cela et que leur absence annoncée – notre première séparation – ne suffisait pas à bouleverser mes journées ni mes préoccupations. On me vit assidu et concentré comme jamais aux séances de travail volontaire. Je hurlais les chants, qui jusque-là m'ennuyaient, à la gloire du Parti et de la grande nation socialiste. Je chantais avec d'autant plus d'entrain que je sentais que papa détestait ces séances. Grigore commençait à me regarder bizarrement : je n'avais même plus le temps d'aller jouer au bord du Danube. Oubliés, pirates, Indiens et chevaliers, ils ne pouvaient m'être d'aucun secours, ils risquaient au contraire de me faire lâcher prise. Derrière leurs silhouettes anodines, je devinais l'amertume, la déception, ma propre colère, la peur de la confiance brisée, de la solitude et de l'abandon qui s'agitaient pour m'atteindre. Je décidai d'éviter les bords du fleuve qui eux-mêmes pouvaient maintenant me trahir.

Un soir, tard, alors que j'étais censé dormir depuis longtemps, j'entendis des éclats de voix étouffés dans la salle.

10

Papa parlait à voix basse :

– Est-ce que tu avais besoin d'aller dire ça à cette femme de *securiste** ? Je t'avais pourtant dit de ne pas en parler, on risque les pires ennuis !

Maman répondit, et je devinais le geste apaisant qu'elle devait faire en parlant :

– Voyons, c'est officiel maintenant, et nous avons les visas ; s'il appartient vraiment à la Securitate, il est au courant depuis longtemps, depuis aussi longtemps que nous, peut-être même avant. Et s'il n'est pas de la Securitate, qu'est-ce que cela peut faire qu'il sache que nous allons à l'étranger ?

– Mais s'il en parle devant Doïna, cela peut remonter, on ne sait pas ce qui peut se passer…

– *Dragutsi*, ils savent déjà, et si nous avons obtenu les visas, c'est qu'ils pensent que nous allons revenir, et revenir avec des informations

* Membre de la police secrète roumaine, la Securitate.

intéressantes. Calme-toi, tu fais pleurer Bunica, alors que c'est elle qui reste avec…

– Tu as raison, coupa papa, pardonne-moi, je n'en peux plus. Ils nous rendront fous ! On finit par se méfier des portes et des fenêtres.

– Pourvu seulement qu'ils n'aillent pas harceler Bunica ou le petit, qu'ils n'aillent pas lui faire des ennuis à l'école…

Bunica répondit :

– Écoutez, ce voyage-là, c'est votre chance, elle ne reviendra pas une deuxième fois. Tout cela se terminera bien, j'en suis sûre, et Andrei sera fort, il le montre déjà.

– C'est toi qui es la plus forte, Bunica, pardonne le ton que j'ai employé tout à l'heure, la décision est si dure à prendre…

La voix adoucie de papa ne me parvint plus. Mes yeux fermés laissaient couler et couler les larmes. Ils avaient tous peur, et je n'étais qu'un pion sur l'échiquier de leurs projets.

Leur départ était fixé un vendredi de la fin octobre. Ils devaient décoller de l'aéroport d'Otopeni, à Bucarest, et prendre le train la veille. Sans qu'il en soit question, il fut clair que je n'irais pas avec eux à Bucarest, ni même à la gare de Braïla. J'aurais voulu me terrer, ne plus les voir ; je ne supporterais pas d'assister au début de leur voyage.

Maman vint s'asseoir sur mon lit, le soir qui

précédait leur départ. Les dernières semaines avaient passé en préparatifs et formalités que j'avais ignorés avec soin. Lorsqu'elle rentrait du combinat, le soir, j'affichais une activité fébrile qu'elle ne cherchait pas à interrompre, même si je sentais souvent ses yeux sur moi, ses yeux gris de pauvre coupable.

Ce soir-là, elle se pencha sur moi, tout près, et me regarda longtemps, dans la pénombre. Je jetai mes bras autour de son cou et serrai, serrai fort. Maman, ma toute douce, pour la première fois, elle me semblait faible, et je trouvai la force de la consoler en pleurant.

Papa nous rejoignit. Il caressa les cheveux de maman et les miens. Il n'avait pas l'habitude de ces gestes-là. Il me dit :

– C'est toi l'homme de la maison en notre absence, on compte sur toi, et Bunica aussi.

Puis, comme un souffle :

– Mon tout petit garçon, on compte sur toi.

Il me serra fort. Je ne me souvenais pas qu'il m'ait jamais appelé ainsi.

11

Demain arriva. Je fuis pour ne pas voir la porte se refermer sur eux, ne pas deviner l'ombre de leur joie de partir enfin pour ce voyage dont ils avaient dû si longtemps rêver.

Les jours qui suivirent, l'appartement me parut bizarrement calme, traversé des seuls gestes retenus, tout juste ébauchés, de Bunica. Je me mis à le fuir aussi.

Je me rendis compte que j'avais envie de voir Doïna. Elle, sans doute, me donnerait les mots justes pour sortir de cette peine lourde qui ne me lâchait pas, sans que j'arrive à être certain d'en connaître la véritable cause.

J'attendis plusieurs jours avant de la croiser dans l'escalier. Elle s'arrêta, prit mes mains dans les siennes, brusquement. Je cessai de respirer.

– Andrei *cel mic*, relève donc la tête, ils sont loin, mais tu n'es tout de même pas orphelin, tu finiras par les retrouver, et alors… tu seras bien loin toi aussi.

Elle tenait toujours mes mains dans les siennes, mais ses yeux semblaient ne plus me voir. Elle fixait un autre paysage où je n'existais déjà plus. Je ne comprenais pas ce qu'elle voulait dire. Je voyais tout près de moi son menton si volontaire qui tremblait un peu. Une minuscule boucle d'oreille en argent brillait légèrement sous les cheveux frisés. Leur parfum de farine de maïs et de pain doré me parvenait tel un message déjà connu.

Son père nous surprit.

– Je t'ai déjà dit que je ne tenais pas à ce que tu aies ce genre de fréquentations !

Il ne me lança pas un regard. Déjà il entraînait sa fille avec lui en descendant si vivement l'escalier qu'elle avait du mal à le suivre... Ou faisait-elle semblant ?

Je sortis tout d'un coup de mon ébahissement. C'était donc vrai, le Cloporte était sans aucun doute un agent de la Securitate qui, bien sûr, ne voulait pas être soupçonné de quelque lien que ce fût avec des gens ayant des contacts « suspects » avec l'étranger. Doïna, qui sait, était peut-être elle-même l'un d'eux !

Je me laissai tomber sur une marche de béton, traçant des signes dans la poussière du bout de mon index, la tête calée sur mes genoux. La nuit tombait ; je ne m'en apercevais pas. Je repensais à cette façon qu'elle avait toujours eue de deviner mes sentiments, mes pensées… Je repensais aux histoires de prisons, de terreurs, de tortures, de familles à jamais séparées, d'amis devenus traîtres ou même bourreaux, tout en étant victimes ; histoires entendues depuis toujours, ici ou là, cueillies quand les adultes pensent les enfants trop pris par leurs jeux ou bien trop jeunes pour pouvoir comprendre, histoires retenues sans effort particulier, restées nichées, longtemps, dormant au fond de la mémoire et surgissant soudain, comme des bêtes affolées, mordant tout sur leur passage, vrillant le présent dans une peur de tous les instants, faisant se recroqueviller chacun dans une tentative permanente de fuite devant leurs mâchoires claquantes et toujours victorieuses.

Et s'ils venaient me prendre ? Après tout, je pouvais être le fils de traîtres à leurs yeux, tant que mes parents n'étaient pas revenus… Je n'osai plus compter les jours et les semaines qui nous séparaient.

Je décidai d'éviter moi aussi Doïna, de ne plus rien lui dire, de ne même plus la regarder. Combien de fois m'avait-il semblé qu'elle lisait comme à livre ouvert dans mes yeux ? Il ne fallait plus que je l'approche. J'aurais voulu, à ce moment, la faire disparaître. L'oublier ? Non, je ne pouvais pas. Mais la haïr, certainement, en m'y appliquant chaque jour. La haine m'apparut, bien nette, comme un recours lumineux dans ma pauvre désolation, et il fallait qu'elle soit à la mesure de la fascination de toujours que j'avais eue pour Doïna.

Doïna, si je pouvais seulement t'en demander pardon aujourd'hui...

12

Les jours se traînaient, l'hiver était là. Le retour de papa et maman, prévu pour la mi-décembre, fut repoussé au 12 février. Je fus surpris de ne pas m'effondrer à cette nouvelle écrite au bas d'une de leurs lettres, de ne pas voir ma colère ni ma tristesse grandir. Une part de moi-même pouvait-elle déjà savoir ce qui allait arriver et s'y préparer secrètement ?

Le Danube gris foncé charria bientôt de la glace. Bunica remplissait la baignoire pour avoir de l'eau en réserve : elle ne coulait qu'une ou deux heures par jour. Les coupures d'électricité se multipliaient, la température baissait parfois jusqu'à dix degrés dans l'appartement. Bunica me couvrait de lainages, de gilets et de châles en gémissant sur la vie si dure, en glissant dans ses gestes et ses attentions toute la tendresse qu'elle n'osait me prodiguer autrement depuis des mois. Le soir, on regardait la télévision. Un palais de géant surgissait d'un ancien quartier de

Bucarest. Je vis Bunica pleurer parce qu'une église qu'elle avait fréquentée dans sa jeunesse tombait sous les engins de démolition. On jouait souvent au *totch*, un jeu de cartes qui rappelle un peu la bataille. Je gagnais de plus en plus souvent. Je constatais petit à petit que la mémoire de Bunica faiblissait, elle qui m'avait si souvent ébahi en me disant de quelles cartes se composait mon jeu, dans l'ordre, après les avoir vues défiler une seule fois sous ses yeux… On attendait les lettres de papa et maman, qui arrivaient irrégulièrement. Bunica scrutait les enveloppes chaque fois et soupirait :

– Encore une qui a été lue par la censure. Je ne m'y ferai jamais, mon pauvre *corcodoush*, mais lis, *dragutsi*, lis vite avec moi !

Ils racontaient peu. Ils parlaient de Gilles et de ses parents qui allaient bien, de laboratoires qu'ils visitaient… Gilles dessinait sur certaines lettres des contours de remparts aux créneaux innombrables. J'avais l'impression d'un silence, que je n'osais trop interroger, car l'ombre d'un secret dont j'étais exclu à l'évidence me traversait parfois et me laissait pantelant, recroquevillé sur moi-même. Je n'avais plus ensuite qu'à repousser, seconde après seconde, avec la plus grande concentration, le tissu d'inquiétude qui m'avait enveloppé comme un grand voile de deuil en me coupant du monde et de mon propre corps : j'étais gelé. Le thé brûlant de Bunica ne me faisait sortir que bien lentement de cette nuit froide qui m'aspirait, les jours où arrivait dans la boîte aux lettres, en bas, dans l'entrée sombre de notre immeuble, une enveloppe aux bords bleu, blanc et rouge.

Début février, très tôt le matin, je me réveillai en sursaut. La nuit était encore noire, aucune lumière n'était allumée dans l'appartement. Bunica, pourtant, était debout. Elle se tenait tout près de la porte d'entrée qu'elle fixait, sans un geste. On entendait des bruits dans l'escalier, des voix d'hommes, des fracas de portes claquées, de meubles poussés brutalement. Cela dura plusieurs minutes. J'étais assis dans mon lit, les yeux écarquillés. Bunica s'était aperçue de mon réveil et m'avait d'abord fait signe de ne pas bouger, puis était venue s'asseoir à côté de moi, sur le vieil édredon recouvert du dessus-de-lit brodé. Elle me serrait la main très fort. Des pas descendirent des étages supérieurs, passèrent devant notre porte. Je tenais la clenche au bout de mes yeux, j'étais sûr que Bunica faisait la même chose à la même seconde.

– Qu'est-ce qu'on a fait ? Qu'est-ce que j'ai fait ?

Je crois qu'une pensée courte et fulgurante, tout à la fois en forme de prière, de supplication, d'aveu total et de protestation d'innocence, me traversa, tandis que l'image de la flamme du cierge de la petite église de Poiana Cristei vacillait soudain devant moi.

Les pas résonnèrent derrière la porte, et continuèrent sans s'arrêter. Que s'était-il passé ? Peut-être rien qui ait de quoi nous inquiéter, mais la frayeur de Bunica et la mienne me semblaient d'autant plus insupportables qu'elles n'avaient pas de cause raisonnable.

13

Le matin qui suivit, Grigore me prit à part pendant la récréation :

– Des gens de ton immeuble, tu sais, avec Doïna, celle qui jouait avec nous !

Mon cœur me fit mal tout à coup. Je pris Grigore par les épaules, autant pour le presser de continuer que pour m'y accrocher.

– Disparus ! Plus personne ! Pas de Doïna au lycée depuis plusieurs jours, son père, sa mère, introuvables aussi ! J'ai entendu mes parents en parler avec quelqu'un qui les connaissait bien, ils se seraient cachés dans un conteneur, sur un bateau qui partait pour l'Italie. Tu te rends compte ?

Je ne pouvais pas ôter mes mains de ses épaules. Ce qu'il venait de me dire cheminait en moi et me tailladait, coup après coup. Je croyais voir les cheveux dorés de Doïna disparaître dans une nuit sur laquelle se fermait une lourde porte métallique ; le bruit des vibrations causées par le choc des parois m'envahissait la tête. Je m'aperçus que Grigore tentait de se dégager de mon emprise, il chuchotait :

– Andrei, écoute, ce n'est pas la fin du monde, il y en a qui réussissent à passer, c'est sûr, j'ai entendu mes parents...

Mais Mihai vint se joindre à nous, et dit à voix basse en nous prenant par le bras, avec un air de conspirateur :

– Je sais de qui vous parlez : ils n'ont pas disparu ! La Securitate s'est aperçue que le père était un espion : toute la famille a été envoyée à plus de mille kilomètres de Moscou. Mes parents en parlaient hier soir, ils croyaient que je dormais, j'ai tout entendu de mon lit !

Mihai allait éclater de rire. Peut-être le bon tour joué aux parents, peut-être aussi le besoin de secouer ce poids qu'il portait seul depuis la veille et qui lui faisait peur.

Mon visage dut l'effrayer, son rire s'étrangla. Nous étions tous les trois dans un coin de la cour, Grigore et Mihai regardaient par terre. Je serrais leurs bras, ils ne se dérobaient pas. Nous ne disions plus rien. Je crois qu'à cet instant nous avions ensemble l'impression de devenir adultes, tout en nous sentant plus faibles et incertains que jamais.

Je revins de l'école comme un automate et

allai aussitôt m'allonger dans la chambre. Bunica vint s'asseoir à côté de moi, prit ma main en caressant mes cheveux.

– *Dragutsi*, n'écoute pas tout ce qui peut se dire. Les gens ont peur, ils inventent n'importe quoi pour nourrir leur peur et essayer de la calmer en même temps. Elle est comme une hyène, elle rôde, cherche sa pitance, son rire glace du plus loin qu'on croit l'entendre, mais on préfère encore l'entendre, ce rire, pour savoir où elle se trouve et qui va être dévoré.

Écoute, *dragutsi*, la mère de Doïna m'a dit, il y a quelques jours seulement, qu'ils allaient partir. Elle ne m'a pas dit où ni comment. Une chance unique, a-t-elle dit, la chance de Doïna. C'est pour elle tout ça, c'est pour elle qu'ils sont partis. Tu vois, mon *corcodoush*, il ne faut pas t'inquiéter, à l'heure qu'il est, ils sont en sécurité, quelque part, sans doute bien loin…

– Pourquoi pas en France ? criai-je en serrant les poings. Je ne veux plus rester là, à attendre ! Et attendre quoi ? Que tout le monde s'en aille ? Que tout le monde disparaisse ? J'ai peur, moi, et tout le monde a peur, toi aussi tu as peur ! Tout le monde se tait et cache tout à tout le monde, et toi, Bunica, qu'est-ce que tu me caches, hein ?

Aujourd'hui encore, j'ai honte d'avoir osé crier cela à Bunica qui m'entourait du mieux qu'elle pouvait, Bunica dont j'étais le trésor, elle qui m'appelait le cadeau de sa vie... Je ne savais pas encore qu'elle portait effectivement un secret si lourd qu'il la rendait encore plus faible et menue, encore plus seule.

14

Le mois de février avançait. Je comptais les jours et les nuits sur le calendrier accroché dans la cuisine. Personne n'évoquait plus le départ de la famille de Doïna. Je pensais aux vieilles superstitions des pêcheurs du Danube, qui leur interdisaient de parler des esprits du fleuve : nommer ces esprits pouvait suffire à éveiller leur colère. De simples paroles pouvaient-elles attirer le malheur sur Doïna et les siens, ou étions-nous nous-mêmes en danger ?

Cinq jours restaient encore jusqu'au retour prévu des parents. Je m'appliquais à ne pas trop y penser, à ne pas en parler avec Bunica, qui n'en soufflait mot elle non plus…

Ce midi-là, Bunica m'attendait et, comme toujours, la porte s'ouvrit devant moi. Je vis tout de suite, posée sur un coin de la table de la salle, une lettre bordée de bleu, blanc et rouge. Elle m'était adressée, à moi seul, pour la première fois. Je la pris, heureux de cette surprise, sans remarquer alors la pâleur et les yeux mouillés de Bunica. Je reconnus l'écriture de papa :

Mon grand, grand garçon,

Ce que je vais te dire est grave, je sais que tu es capable de comprendre. Il va falloir que tu sois fort et courageux, et que tu aides Bunica à l'être aussi.

Maman et moi n'allons pas rentrer à la maison comme nous te l'avons dit. Nous n'allons pas rentrer à la maison, ni à Braïla, ni à Bucarest. Nous décidons, nous devons le faire, de rester en France ; et c'est toi, mon grand garçon, qui vas venir nous rejoindre. Et Bunica aussi viendra. Maman et moi avons déjà commencé les démarches pour que vous puissiez faire ce voyage le plus vite possible. Mais, mon Andrei, tu dois savoir qu'il faudra attendre un peu... Certainement quelques semaines, peut-être un peu plus.

Je sais que c'est dur, mais je suis sûr que tu seras heureux ici. J'espère, Andrei, que tu nous pardonneras, plus tard, cette séparation, quand tu pourras comprendre les raisons de notre décision et que tu sauras qu'elles étaient justes et qu'elles étaient graves.

Maman et moi pensons tout le temps, tous les jours, tous les soirs à toi.

Les parents de Gilles nous ont trouvé un petit

appartement : nous préparons ta chambre et celle de Bunica.

Nous ne t'avons rien dit avant, Andrei, et je sais que cela te met en colère contre nous. Je ne veux pas te raconter de mensonges : nous avions pensé à cette possibilité de rester en France avant notre départ. Nous en avions discuté avec les Balland mais nous ne pouvions en être tout à fait sûrs avant d'être arrivés ici, dans le pays. Nous devions en premier lieu trouver du travail. Et puis, si quiconque l'avait appris, jamais nous n'aurions eu l'autorisation de sortir, je sais que tu comprends que ce risque ne pouvait être couru.

Bunica le savait. C'est moi, mon grand Andrei, qui lui ai fait promettre de ne rien te dire avant que je ne t'écrive cette lettre.

Il faut avoir confiance en nous, mon Andrei, et ne pas en vouloir à Bunica : c'est à toi de l'aider maintenant.

Ton papa et ta maman t'embrassent.

Suivaient quelques mots de maman :

Mon petit Andrei, j'ai mal aussi, nous souffrons, mon cœur, mais ce sera bientôt fini. Je te prends dans mes bras à chaque instant.

Je me vis abandonné, placé dans une de ces maisons d'orphelins, je me vis seul dans un océan de misère, de grisaille, de méfiance. Non, je ne me sentais pas fort, non, je n'étais pas un homme. J'avais neuf ans, jamais je ne les reverrais, j'en étais sûr, papa m'avait bien dit qu'on ne laissait jamais une famille entière quitter le pays. Rien n'était vrai de ce qu'il me promettait dans la lettre. Il mentait, comme les autres, et ils avaient bien manœuvré pour se débarrasser de moi.

Je ne dis rien. Je regardais autour de moi. Les coussins brodés, la table, le buffet, la porte de leur chambre. Ils ne reviendraient plus. Jamais plus leurs voix, leurs pas, ici. Les yeux rêveurs de papa, les cheveux noirs de maman, leurs sourires, leurs silences, plus jamais.

Bunica me tendait ses deux mains, que j'avais toujours connues couvertes de taches rousses – les grosses peines de la vie qui s'évanouissent avec le temps, disait-elle en souriant.

Je plantai mes yeux dans les siens, me mordant la bouche. Je la découvris vieille, vieille et pâle, menue dans son gilet gris, posant à peine ses pieds sur le parquet, tellement légère. Ses yeux semblaient me regarder de loin déjà… Je sus tout à coup, pour la première fois réellement, que Bunica mourrait avant moi, et que je devais être fort pour l'aider.

Je réussis à prononcer :

– Eh bien, on prendra l'avion, tous les deux…

Puis je demandai, sans l'avoir voulu, me coulant vite dans mon rôle de petit garçon toujours affamé :

– Il y a de la *dulceatsa* ?

Ses bras s'ouvrirent. Nous sommes restés serrés, l'un consolant l'autre. Je réalisai que j'avais attendu ce qui arrivait depuis longtemps, bien avant leur départ, avant l'été même. Je remontai dans le passé et trouvai les yeux graves de papa pendant nos promenades sur le Danube, au cœur du delta. Je trouvai cette distance qu'il avait toujours placée entre l'extérieur, la rue, le laboratoire du combinat, et la maison… Les collègues de travail qu'on ne voyait jamais chez nous, le mépris glacial avec lequel il considérait les journaux *Scinteia* ou *Romania libera*, les seuls qu'on puisse se procurer. Je me souvins de quelques mots murmurés alors qu'il parcourait les grandes feuilles qui noircissaient les doigts : « La gloire du parti, la gloire du tyran… La gloire du mensonge et de la misère. » Je trouvai sa colère face à la moindre inexactitude, son exigence de précision. Combien de fois m'avait-il repris, parfois durement, alors que j'employais, sans m'en rendre compte, des formules toutes faites, entendues à la télévision ou à l'école :

– Qu'est-ce que tu dis ? Tu n'es donc capable

que de recracher ce qu'on te déverse sur la tête ? N'emploie pas des mots qui ne t'appartiennent pas. Les mots, tes mots à toi, peuvent peser plus lourd sur la terre qu'une montagne entière.

Les mots qu'il avait lui-même écrits m'écrasaient bien comme une montagne. J'étais comme ce pauvre lutin d'un conte presque oublié sur lequel une caverne noire s'était définitivement refermée.

15

Cet après-midi-là, je restai dans l'appartement. J'allai m'asseoir par terre dans le recoin de la cuisine, près du placard aux pommes de terre. Je lus la lettre, dix fois, cent fois : les mots en perdaient leur sens. Quand les lettres commencèrent à danser devant mes yeux, je repliai la feuille de papier fin et craquant et la glissai dans l'enveloppe dont les bords de couleur me paraissaient maudits. Les heures passèrent. Je m'aperçus tout à coup que la nuit était tombée : il faisait noir dans la pièce. Seul le reflet d'une fenêtre éclairée tombait sur le carrelage, formant un grand rectangle, tout près de mes pieds. Une minuscule araignée rouge, sans doute sortie du placard, pénétra soudain dans cette tache blanchâtre. Je suivis avec attention sa progression, si lente, à travers ce désert lisse et mort. Millimètre après millimètre, l'araignée chemina, atteignit enfin l'autre bord et disparut dans l'ombre où je ne la distinguai plus. Je posai ma tête sur mes genoux et fermai les yeux.

Je le savais, tout au fond de moi. Ils ne me mentaient pas. Au-delà des mots, de la colère, de la tristesse, je le savais. Ils ne voulaient pas m'abandonner ni me laisser aller dans un orphelinat. Ils voulaient que Bunica et moi venions les rejoindre, c'était vrai, c'était sûr. Mais quand ? Et comment tenir, comment traverser tout ce temps dont je ne connaissais même pas l'étendue ?

La lumière s'alluma, Bunica entrait dans la cuisine. Elle ne remarqua pas ma présence et alla à l'évier pour remplir une casserole d'eau qu'elle porta à deux mains pour la poser sur la cuisinière. Ses bras tremblaient sous l'effort. Tous ses gestes étaient lents, hésitants. Un soupir, presque un gémissement, lui échappa lorsqu'elle posa le récipient sur le rond du gaz. Elle prit la grosse boîte d'allumettes, toujours rangée sur une petite étagère que papa avait installée près de l'évier, et alluma le gaz. Elle sortit de la cuisine, toujours sans me voir. Elle éteignit avant de refermer la porte.

Bien sûr, il faudrait tenir, bien sûr, je traverserais tout ce temps, heure après heure. Moi, je pourrais atteindre l'autre côté. Mais Bunica, dont les bras tremblaient, elle qui était pourtant si vive encore l'été dernier, comment pouvait-elle être certaine d'y arriver ?

Les jours d'hiver coulaient doucement, avec leur poids d'attente. J'avais le cœur enserré dans une fine toile d'angoisse, fine et dure comme du fer. J'avais beau prendre de grandes inspirations, souffler longtemps et profondément, jamais je ne m'en libérais. Si je parvenais à l'oublier un moment, en travaillant ou en courant au bord du Danube glacé, elle me broyait plus fort l'instant d'après, lorsque j'apercevais une silhouette qui me rappelait celle de maman, un enfant de mon âge tenir son père par la main. Il suffisait que je regarde le ciel pour que l'idée de la séparation et du voyage encore si incertain me terrasse.

Les lettres bordées de bleu, blanc et rouge arrivaient toutes les semaines, maladroitement refermées par la censure. Il y était question d'ambassade, de visas, de délais et de négociations. Il y était question du mois prochain, puis du printemps prochain. Papa expliquait que tout était plus difficile qu'on n'aurait pu le croire au départ. Il ne fallait pas que nous nous découragions, bientôt nous serions tous réunis... Je lisais vite toutes ces lignes qui ne m'apprenaient rien. Je réservais mes yeux pour l'écriture de maman, quelques lignes qui mêlaient ses larmes aux miennes, quelques lignes où je laissais couler toute ma douleur, toute ma fatigue de l'attente, quelques secondes contre lesquelles la toile de fer ne pouvait rien.

16

Une fin d'après-midi, alors que je revenais d'un long tour sur les berges du fleuve où la neige grisâtre et sale fondait très lentement près de l'eau sombre, je croisai dans l'escalier deux hommes qui descendaient en silence. Ils n'habitaient pas notre immeuble, je ne les avais jamais vus. Je ne les aurais peut-être pas remarqués, mais, depuis des semaines, mes sens semblaient percevoir les moindres détails avec une parfaite netteté, même s'ils ne me concernaient en rien à première vue. Il suffisait qu'un soupçon d'étrangeté les habite pour que j'y décèle l'ombre d'un espoir ou d'un nouveau danger, d'un nouveau chagrin.

L'un des deux marqua un léger temps d'arrêt en m'apercevant, presque rien, à peine une seconde, une hésitation dans la démarche. Ses yeux se posèrent sur moi, et je croisai son regard. Il ne me sembla pas être celui qu'un adulte pose habituellement sur un enfant inconnu. Je crus discerner une ombre de surprise et d'hostilité. Les deux hommes me dépassèrent sans s'arrêter ni dire un mot. Je m'assis dans l'escalier, une volée de marches avant notre palier. Une ampoule récemment remplacée jetait sa clarté jaunâtre jusqu'à moi.

Je savais bien que si je montais et m'approchais de la porte, elle s'ouvrirait devant moi, comme toujours. Mais j'avais besoin de calmer mes idées, de tendre mes forces pour que Bunica puisse continuer de croire à mon rôle de petit garçon gourmand de *dulceatsa*, rêveur mais solide, et qui finalement ne semblait pas souffrir tant que cela de l'éloignement de ses parents... Je commençai par chasser les suppositions qui m'assaillaient. Ces deux hommes dans l'escalier, non, ce n'était pas la Securitate : ils n'auraient pas attendu si longtemps pour débarquer maintenant. Non, ils n'allaient pas m'emmener dans un orphelinat : mes parents étaient bien vivants, officiellement envoyés en France, papa me l'avait bien expliqué. Bunica? J'avais plusieurs fois entendu papa dire à maman – il ne savait pas que j'écoutais – que l'État et la Securitate ne s'intéressaient qu'à ceux qui travaillaient, pas aux retraités... Alors, qu'étaient-ils donc venus faire, et pourquoi ce regard bizarre... C'était peut-être moi qui étais bizarre après tout, et même ridicule d'aller chercher des mystères partout ! Je mis mes bras autour de mes genoux et y cognai doucement mon front en cadence. Quand j'étais plus petit, combien de fois m'étais-je caché sous les couvertures en croyant voir des contours de sorcières ricanantes ou de monstres rampants dans ce qui n'était que l'édredon du lit de mes parents ou le pli des doubles rideaux... Même les sacs noirs de Bunica, posés dans l'entrée, prenaient parfois des allures de salamandres... Maintenant, je me construisais moi-même des frayeurs : comme si l'attente de ce voyage indéfiniment reporté ne suffisait pas ! Je serrai les poings et me relevai d'un coup, bien décidé à me moquer de moi-même aussi souvent qu'il le faudrait pour écarter toutes ces marionnettes grimaçantes qui ne demandaient qu'à gesticuler pour serrer encore plus fort la fine toile de fer... Je secouai mon manteau pour faire tomber la poussière et les derniers doutes, montai d'une traite les marches jusqu'au palier, avançai jusqu'à la porte, et restai là, interdit. Je regardais la clenche grise, le bois plus sombre près du bord, mon ombre immobile sur le mur ; je savais que Bunica était là, j'avais vu la lumière de la cuisine allumée avant d'entrer dans l'immeuble et, pour la première fois, la porte ne s'ouvrait pas.

J'appuyai sur la clenche, poussai la porte, la refermai doucement. La lumière était bien allumée dans la cuisine. Pourquoi avais-je tant de mal à faire ces deux ou trois pas qui m'en séparaient ? Je trouvai Bunica devant la cuisinière, s'affairant à préparer du thé. Elle m'entendit et se retourna en me souriant :

– Tu es déjà levé, *dragutsi*, c'est bien, tu vas bientôt pouvoir prendre le petit déjeuner, tes parents sont déjà partis au combinat…

17

Je restai figé devant ce que je pressentais depuis plusieurs semaines déjà : ma Bunica commençait à se perdre dans le temps de l'attente. Soir et matin s'étaient cette fois mélangés, mais je savais bien que d'autres confusions, d'autres oublis suivraient. Elle croyait, au moins le temps de préparer le petit déjeuner, que mes parents étaient revenus à la maison… Je rêvai une seconde d'être à sa place, de croire moi aussi que ce que je souhaitais si fort était arrivé. Je rêvai de me laisser porter, comme jadis, au fond de la barque, quand je pouvais perdre mon regard dans le ciel entouré de roseaux bercés par la brise venue de la mer toute proche.

Bunica continuait de s'affairer, versant de l'eau dans la théière. Je m'approchai doucement, posai la main sur la manche de son gilet et lui dis :

– Bunica, moi je veux bien du thé, mais ce sera pour dîner, parce qu'on est le soir, et même que je suis fatigué, pas toi ? On devrait se coucher tôt, ou si on lisait une histoire, une que je ne connais pas, hein, Bunica ?

Elle me regarda. Son sourire avait disparu. Elle se retourna vers la fenêtre, scruta le ciel nocturne, regarda mon manteau, les chaussures mouillées que je n'avais pas enlevées. Elle réajusta d'un geste si familier l'un de ses peignes dans ses cheveux, sa main vint ensuite se poser sur sa joue, comme si elle était effrayée de ce qu'elle était en train de réaliser. Les yeux baissés, Bunica murmura :

– Mon pauvre petit Andrei, *dragutsi*, mais qu'allons-nous devenir ?

Je pris sa main dans les miennes. J'étais aussi grand qu'elle maintenant. Je soufflai :

– Bunica, on va continuer de bien se débrouiller, tous les deux, en attendant de partir, et, là-bas, il y aura des médecins et des médicaments pour te soigner et pour que tu ne te trompes plus. Et puis, moi, je suis là, et je t'aiderai, pour que tu ne te fatigues pas : il ne faut plus que tu te lèves si tôt pour aller faire les courses avant six heures. Pas étonnant que tu sois fatiguée !

Elle prit mon visage dans ses mains, me regarda longuement, et je retrouvai bien le regard de ma Bunica de toujours. Elle murmura :

– Mon Dieu, comme tu lui ressembles, aussi

fort et silencieux, on ne sait pas ce qui se passe derrière ce front-là, et voilà que tu parles déjà comme un homme…

Je parlai beaucoup pendant le dîner que nous prenions dans la cuisine, comme si la table de la salle à manger était désormais trop grande pour nous deux. Je parlai de l'école, de mes bonnes notes – je travaillais bien plus qu'avant –, de la neige qui fondait, des jours qui devenaient déjà plus longs :

– Tu verras, Bunica, les beaux jours de l'été, on les verra à Caen, il fera moins chaud qu'à Vama Veche, tu seras mieux !

Bunica me regardait en haussant les épaules, avec cette incertitude mêlée de fatalisme si courante là-bas, que je n'ai encore jamais rencontrée ici, et qui semblait vouloir dire :

– Le monde est monde, et que sommes-nous, *dragutsi*, dans ce monde, pour affirmer, savoir ou exiger ? Le monde est monde, *dragutsi*, nous ne sommes que de petites créatures posées là, par chance ou bien peut-être par hasard ? Malheurs, bonheurs peuvent nous être donnés, repris, qu'y pouvons-nous vraiment ? Que savons-nous de tout cela ?

Je comprenais bien ces paroles muettes qui accompagnaient tant de gestes de la vie de tous les jours, là-bas, mais je repensai soudain aux châteaux de sable d'Eforie, bâtis pour exister l'éternité de quelques heures. Je compris soudain l'importance du moindre créneau, de la tourelle la plus fragile et de tout le temps qu'il fallait pour les construire, justement au bord, tout au bord de l'eau et des vagues. Je compris aussi que Bunica commençait à reculer, comme si la mer était devenue trop forte, comme si les forces lui manquaient désormais pour dresser de nouveaux remparts, jour après jour, pour résister.

Elle alla se coucher tôt. Elle occupait maintenant le lit de papa et maman. Je dormais dans le mien, dans la même chambre, et je me dis qu'il serait plus facile de veiller sur elle ainsi. Je guettai sa respiration qui devint bientôt régulière et calme : elle dormait.

Je collai alors mes poings sur mes yeux de toutes mes forces. Il ne s'agissait plus d'attendre, il fallait tenir, tenir pour deux maintenant, et faire que le château ne s'écroule pas, faire comme si rien n'avait changé, jusqu'à ce qu'on parte. Je me demandai combien de jours, combien de semaines j'arriverais à donner le change. Si quelqu'un, un voisin, ou même un des rares amis de mes parents qui passaient nous voir régulièrement, s'apercevait de l'état de Bunica, elle irait à l'hôpital, on ne la laisserait pas continuer à veiller sur moi. Elle irait à l'hôpital et elle n'en sortirait jamais, ma Bunica. Et moi, où serais-je envoyé ? Je collais mes poings sur mes yeux à m'en faire mal, je murmurais, le visage enfoui dans l'oreiller :

– Papa, maman, faites vite, mais faites vite maintenant, je vous en supplie…

18

Il fallait désormais diviser les journées en petites parts bien distinctes, en petits créneaux bien droits. Je devais toujours être prêt à souffler les gestes et les mots qui empêcheraient Bunica de se perdre. Je devais veiller sur elle sans que personne ne le sache, guetter le moindre signe d'égarement.

M. et Mme Irinescu, des amis de mes parents, passaient tous les dimanches après-midi prendre de nos nouvelles, sans oser pourtant poser la question de la date de notre départ. Ils apportaient du lait, de la viande ou du fromage qu'ils pouvaient se procurer à la campagne où ils avaient de la famille. Leurs visites m'avaient laissé indifférent jusqu'alors. Elles devinrent soudain une épreuve qui m'épuisait. Je m'évertuais à capter leur attention, à interroger, à tournoyer, réduisant toute possibilité de conversation suivie entre eux et ma Bunica qui risquait de se trahir au fil des phrases. Ils semblaient surpris de me voir si présent, si bruyant, moi qu'on trouvait souvent taciturne et distrait, mais je sentis que j'avais gagné, au moins pour quelque temps, quand j'entendis Mme Irinescu parler de cette force des enfants capables de se remettre si vite d'une séparation qu'on croyait pourtant trop dure à vivre pour eux...

Ils repartaient vers cinq heures. Bunica, fatiguée par mes paroles incessantes, allait s'allonger avant le dîner. Je m'affalais sur le canapé de la salle à manger.

C'est lors de l'un de ces moments vides d'une fin d'après-midi de mars que je repensai tout à coup à ce petit objet que la mère de Gilles avait glissé dans une de mes poches, au moment de notre départ, à Eforie. Je me précipitai vers l'armoire de la chambre où étaient rangées les affaires d'été, tâtai les poches des shorts, glissai mes doigts sur toutes les étagères : je ne trouvai rien. J'allai fouiller dans le placard de l'entrée, tout en haut, où les serviettes de plage étaient pliées. Rien non plus. Bien sûr, tout avait été lavé depuis longtemps. Bunica avait fait une grande lessive, le lendemain de notre retour, je m'en souvenais, et elle ne m'avait rien dit, elle n'avait rien trouvé. Le cadeau était perdu, je ne l'avais même pas vu. Je m'assis par terre, adossé à l'armoire, accablé. Mon regard erra un moment sur les rainures du plancher, comme s'il avait pu en surgir quelque chose… La mère de Gilles, Marianne, m'avait donné quelque chose. Elle me l'avait offert comme un secret : comment avais-je pu oublier son geste pendant tous ces mois ? Tout était si loin aujourd'hui… Les mots échangés sur la serviette blanche, la carte dépliée sur le sable, les soirées dans le jardin de Vama Veche, les billets d'avion sur la table… Une sorte de brume enveloppait tous ces moments, comme pour m'empêcher de les faire revivre trop souvent, trop fort. Tandis que Bunica laissait mourir de petits morceaux de passé que je devais reconstituer pour elle, grain par grain, mes propres souvenirs, trop aigus, devaient être atténués pour ne pas m'ensevelir sous leurs fausses joies, leur douceur de piège ou leur pression trop cruelle.

Le petit bol bleu ! Un petit bol de porcelaine bleue était toujours placé près de l'évier, tout contre le mur, dans le coin de la paillasse. Les billes, les pièces, les minuscules trésors des poches avaient toujours été déposés là par Bunica quand elle les trouvait dans la mousse de la lessive. Je courus à la cuisine : il était bien là. Dedans, des boutons, un bout de crayon à papier, un ressort, et dessous, tout au fond, un petit objet terni sans doute par son long séjour dans l'humidité. Je le pris avec précaution, l'examinai : c'était un oiseau en plein vol, le long bec tendu vers l'avant, les pattes bien repliées, une cigogne, certainement. Elle ne mesurait pas plus de deux centimètres et portait un anneau. Bunica avait dû la poser dans le bol bleu sans y prêter attention et l'oublier ensuite…

Une cigogne ! Comment Marianne avait-elle pu savoir que c'était, parmi les oiseaux, celui de mes rêves les plus forts et les plus longs ? Plus encore peut-être que les cormorans, les pélicans, les hérons ou même les précieux ibis qu'on pouvait apercevoir dans le delta. Une cigogne qui traversait le ciel m'emmenait au-delà de la plaine et du fleuve ; le lent battement de ses ailes me paraissait une caresse, me promettait secrètement le plus beau des voyages. Je gémis de cette joie inattendue et l'embrassai doucement… Une cigogne… La mère de Gilles m'avait écrit trois ou quatre fois, juste quelques mots, toujours sur la même feuille que son fils. Des mots brefs, presque froids, qui ne lui ressemblaient pas, des mots qui me rendaient moi-même plus dur, des mots qui aidaient bien la brume à envelopper les images de l'été. La petite cigogne, toute tiède au creux de ma main, fit voler en éclats la distance, le temps, l'attente, la peur.

– Elle savait déjà tout cet été, tout ce qui est arrivé, elle le savait !

J'avais prononcé ces mots à haute voix. Je

découvrais une évidence. Je me sentais plus fort, malgré le silence de cette soirée grise : cette cigogne me disait de tenir, bien tendu au-dessus des jours, des mois, de l'océan d'attente. Marianne m'attendrait de l'autre côté du voyage.

19

Les jours s'allongeaient. La fin de l'année scolaire approchait. Habituellement, à cette époque, Grigore, Mihai et moi dévalions dès la sortie de l'école les escaliers qui menaient à la berge pavée du Danube et y restions jusqu'à la nuit tombante. Les jeux d'îles désertes, de volcans crachant des fleuves de lave, de descentes d'Amazone chassaient les explorations de banquise, les toundras peuplées de grizzlis, les glaciers du Kilimandjaro. L'été approchant possédait déjà nos esprits et les clapotements de l'eau du Danube prenaient pour nous des allures de grand Sud.

Cela faisait bien longtemps que je ne me mêlais plus à leurs jeux. Ils venaient pourtant encore me trouver de temps en temps. Grigore me dit, alors qu'il me rejoignait sous un soleil déjà chaud dans la rue Calarashi, après la sortie de l'école :

– Ne t'inquiète pas, si tes parents ne reviennent

pas, tu pourras venir habiter avec moi, à la maison. J'ai entendu mes parents qui disaient que les enfants seuls, on leur trouve une nouvelle famille. On serait comme des frères, on pourrait jouer tous les soirs, tard !

– Et qu'est-ce que tu fais de ma Bunica, elle est toujours là, elle, non ?

J'avais hurlé, je crois. Grigore balbutia :

– Mais, ta Bunica, elle est, enfin, je ne sais pas, mes parents disent qu'elle doit être bien fatiguée pour tout faire, toute seule, c'est pour ça que…

– Elle n'est pas toute seule ! Et moi non plus, je ne suis pas tout seul, on est ensemble, on le restera, et je n'irai jamais ailleurs qu'avec elle, ni chez toi ni nulle part !

Je m'enfuis, hors de moi, courus jusqu'au Danube et m'assis sur le petit mur de ciment. Grigore avait laissé entendre exactement ce que je craignais, ce qui arriverait si quelqu'un s'apercevait de l'état de Bunica, état qui empirait, je le savais. Cela se passait par à-coups, comme si un démon jouait avec la mémoire et le cerveau de Bunica, les pressait dans ses mains, puis laissait des répits de plusieurs jours, pour les reprendre soudain et brouiller les repères et les pensées, pour que matin et soir, hier et aujourd'hui, gestes accomplis ou seulement ébauchés, monde rêvé et vie réelle se mêlent de plus en plus pour Bunica.

Durant ces quelques mois, nous avions pris l'habitude d'écrire une lettre à mes parents toutes les deux semaines. Même si je n'écrivais pas toujours très proprement, j'étais bien capable de me rendre compte d'incohérences et même de fautes que commettait Bunica, elle qui avait toujours été fière de son style précis et élégant, de son écriture même. Papa s'exclamait quelquefois en regardant la liste des commissions :

– Une véritable écriture de comtesse, une aristocrate de la plume dans notre famille !

Le stylo tremblait de plus en plus dans sa main devenue hésitante. Avant de glisser la lettre dans l'enveloppe, sans qu'elle s'en aperçoive, je corrigeais des fautes, je renforçais certaines lettres au tracé trop incertain en utilisant le vieux stylo de Bunica, celui que je lui avais toujours connu et qu'il fallait remplir d'encre en pompant dans une grosse bouteille à l'étiquette couverte de taches bleu foncé. Je rayais parfois certaines phrases qui se répétaient de paragraphe en paragraphe, comme si une boucle s'était nouée dans la pensée de Bunica sans qu'elle puisse en sortir. Je faisais du mieux que je pouvais pour redonner un contenu plus normal aux lettres, pauvres textes faussement nourris d'une apparence de vie de tous les jours, maigres textes qu'il me paraissait essentiel de dresser comme autant de boucliers contre la découverte de la vérité. Je n'aurais pas pu l'expliquer, mais j'étais certain que, si mes parents apprenaient ce qui était en train d'arriver, le plus grave se produirait. Le plus grave… Quoi exactement, je n'en savais rien, ou préférais ne pas le savoir. Mais mon poing dans ma poche, presque toujours serré sur la petite cigogne tiède, tenait toute la force de ma certitude et de ma raison.

20

Je savais bien que cela risquait d'arriver, même si je me répétais à tout moment que nous partirions avant que cela ne se produise. Je me le répétais en marchant sur la berge du Danube. Je laissais courir mes yeux sur les pavés, les centaines de pavés, et je me répétais des centaines de fois : « Qu'on parte vite, qu'on parte vite, qu'on parte vite. » Je le répétais autant qu'il y avait de marches jusqu'à l'appartement, autant que de pas jusqu'à l'école, de secondes jusqu'au sommeil.

Il m'arrivait souvent de penser à Doïna. Je n'aurais pas eu besoin de lui expliquer si elle avait encore été là ; elle aurait tout su, tout de suite, avant moi sans doute. Je ne pouvais pas toujours m'empêcher de rêver qu'elle était là, assise près de moi sur le canapé recouvert de coussins brodés. Elle passait son bras autour de mes épaules, posait ses doigts sur mon front, me souriait en secouant ses boucles dorées… Elle ouvrait un sac, en sortait une pochette qu'elle me tendait et qui contenait les passeports pour Bunica et pour moi, et ces merveilleuses enveloppes tout en longueur contenant des billets d'avion… Je me jetais dans ses bras et cette douceur m'était si violente que je me forçais à abandonner ma divagation, rappelé à l'ordre par l'étreinte de la fine toile de fer.

J'imaginais aussi la mère de Gilles, ses cheveux roux, ses yeux verts, je croyais entendre sa voix grave me dire très posément : « Tiens bien ton vol comme la cigogne, petit Andrei ! » Je faisais face aux minutes qui suivaient comme à des ennemies à écraser.

Je savais que cela risquait d'arriver, mais le doute finissait par devenir une force, l'attente immobile une victoire de chaque instant…

Depuis des mois, je me réveillais le matin très tôt, en même temps que Bunica qui gardait intacte cette habitude. Je l'accompagnais dans la cuisine pour la regarder mettre de l'eau à chauffer, préparer son bol, chercher du thé. Je restais tout près pendant qu'elle faisait sa toilette et s'habillait, cherchant pour elle les vêtements plusieurs fois égarés, les peignes plusieurs fois pris, reposés, perdus et retrouvés. J'écrivais pour elle les magasins où elle devait se rendre, dans l'ordre, rue après rue, et je plaçais le papier dans une poche, sur le côté de son cabas noir. Je ne pouvais me risquer à l'accompagner faire la queue dans les magasins si tôt : des voisins, des connaissances m'auraient remarqué, et s'ils allaient alerter l'école, ou mes parents ?

Jusqu'alors, Bunica avait toujours bien retrouvé le chemin de l'appartement, chemin fait tant et tant de fois à pied depuis si longtemps...

Les jours d'école, je devais partir avant son retour des courses et je me précipitais pour revenir le midi, tremblant de trouver la porte close sur du vide ; Bunica était toujours là.

Quelques jours après le début des vacances, alors qu'elle était sortie vers six heures du matin, je m'étais allongé pour lire en attendant son retour. Je me réveillai baigné de sueur. Le soleil donnait déjà à plein. On fermait toujours les volets bien avant cette heure de la matinée pour éviter que l'appartement ne devienne une fournaise. Ils étaient grands ouverts et laissaient le soleil brûlant entrer à flots dans la pièce... Je regardai l'heure au petit réveil jaune posé sur la table : onze heures ! Je me jetai dans la cuisine, la chambre, l'entrée, ouvris la porte, descendis quatre à quatre les escaliers : personne. Je remontai en courant, refermai la porte et m'y adossai, par terre. Bunica aurait dû être là depuis plus de deux heures.

Je posai mon front sur mes genoux, mes poings sur les yeux. J'allais descendre et marcher dans les rues où se trouvaient les magasins, j'irais même dans d'autres quartiers, dans toute la ville, jusqu'à ce que je la trouve, ma Bunica. J'irais, mais j'avais besoin de serrer ma petite cigogne quelques secondes dans ma main, de rassembler mes forces contre l'étreinte de la toile de fer qui brûlait plus fort que jamais.

Quelques secondes après, je sortis de l'immeuble et m'élançai dans les rues que la chaleur avait déjà rendues presque désertes.

21

Tout était fixé par la chaleur. Autour de l'immeuble, l'herbe brûlée ne formait plus qu'une croûte rongée par la poussière. Je courus jusqu'à la strada Justitsiei, le trottoir faisait vibrer l'air chaud devant mes yeux. Je pris à droite et arrivai après quelques centaines de mètres dans la rue où se trouvait la boucherie. Elle était fermée. Un mot, sur la porte, indiquait qu'il n'y avait plus de viande pour aujourd'hui. À quelques pas, une pancarte «*pîine** » annonçait la boulangerie. Il n'y avait plus personne dans la boutique : tout le pain était déjà vendu, une vieille femme en blouse noire lavait le sol, agenouillée à côté d'un seau.

Le Magasin général de la strada Republici : je me souvenais, c'était le dernier où Bunica devait se rendre pour chercher de la lessive, introuvable depuis des jours. Je ne courais plus ; je ne voulais pas pleurer et j'étais sûr qu'un

* Pain.

essoufflement trop fort ne me permettrait plus de retenir mes larmes ni cette panique qui commençait à mordre mes forces et à faire trembler mes jambes.

Je marchais le long des trottoirs au revêtement défoncé. Des hommes, des femmes me croisaient, tous munis d'un ou deux sacs vides, systématiquement emportés en sortant, pour le cas où un arrivage inespéré se ferait dans un magasin. Dans les zones d'ombre, quelques vendeurs proposaient aux rares passants des boissons tenues au frais dans des bassines d'eau posées à même le sol. Je remarquai une famille avec deux enfants, deux filles un peu plus grandes que moi, qui s'arrêtait pour acheter une bouteille d'orangeade. La plus petite tenait sa mère par la main. J'entendis quelques mots de français en passant près d'eux. Je dus fermer les yeux pendant une fraction de seconde, le temps de repousser tout souvenir, le temps de me concentrer sur chaque pas supplémentaire, chaque silhouette de femme petite et vêtue de gris aperçue dans les rues menant jusqu'au Magasin général.

Un attroupement encombrait le trottoir, juste devant l'entrée du magasin. Je sus tout de suite que c'était à cause de Bunica. Je m'arrêtai, comme si le moindre geste avait pu avoir les conséquences les plus graves. Mais comment savoir ce qui se passait sans s'approcher... J'avançai lentement vers le petit groupe de personnes. Deux d'entre elles parlaient fort :

– Volé, volé, vous voyez bien qu'elle en est incapable !

– Comment, incapable ! Et tout ce qu'elle avait dans son sac, qu'est-ce que vous en faites ? Si je ne l'avais pas remarquée, elle partait avec des dizaines de milliers de lei de marchandise !

– Reprenez-la, votre marchandise, et laissez donc cette pauvre femme tranquille, c'est un médecin qu'il lui faut, pas la police !

Bunica, qu'est-ce que tu as fait, ma Bunica ? La police, un médecin, ils vont nous emmener, et tout sera fini...

Je continuai d'avancer et pénétrai comme un automate dans le groupe qui entourait Bunica. Elle était assise sur un tabouret qu'on avait sorti du magasin, sans doute. Elle tenait son sac grand ouvert sur ses genoux et le fixait, immobile. Des larmes coulaient sur ses joues, un vague sourire flottait pourtant sur ses lèvres. Elle ne semblait pas entendre ni voir ce qui se passait autour d'elle.

Je pris ses mains dans les miennes, pendant que des voix s'exclamaient :

– Mais qui c'est, ce petit, tu es de la famille ?

Je cherchais en vain à rencontrer le regard de Bunica. Elle n'était plus là, elle était vaincue. Je vis dans ses mains sans réaction que je n'avais plus personne.

Un homme se pencha sur nous, s'accroupit finalement pour être à ma hauteur. Il me prit par les épaules et me força doucement à me tourner vers lui et à lui faire face.

– Dis-moi, qui es-tu, comment t'appelles-tu ?

– Andrei, Andrei Dinulescu.

– Bon, Andrei, dis-moi, c'est ta grand-mère ?

J'acquiesçai d'un signe de tête.

– Et où sont tes parents, où habites-tu ?

Je le regardai. Des rides entouraient sa bouche. Il était très brun, comme papa, mais je distinguai quelques cheveux blancs près de ses tempes ; ses yeux noirs souriaient et invitaient à répondre. Il attendait sans quitter mon regard. J'étouffais, je dus happer l'air en grandes inspirations avant de m'entendre répondre d'une voix aiguë que je ne reconnus pas :

– En France, c'est ma Bunica !

Je me sentis alors soulevé et porté par des bras inconnus. Je m'y blottis en sanglotant, cachant mon visage dans le cou de celui qui m'emmenait. Je ne me demandais même pas qui me portait, où l'on me conduisait, ni ce qu'allait devenir Bunica, je ne voyais qu'une étendue, une immense étendue grise, grise à l'infini, et l'absence de tout rivage.

22

Je me réveillai dans une chambre inconnue. Il faisait sombre, des doubles rideaux bleus ne laissaient filtrer qu'une lumière de crépuscule. Le papier de la chambre était fleuri. Un ours en peluche, posé tout en haut d'une armoire, semblait surveiller la pièce. Une bibliothèque débordait de livres, des journaux formaient une pile de plus d'un mètre, tout près du lit. Je m'aperçus que j'étais en pyjama. Un pyjama aux manches trop longues. On avait fait un revers... Mais qui ? Je m'assis dans le lit. Juste à ce moment, la porte s'ouvrit doucement. Je reconnus celui qui m'avait pris dans ses bras, devant le Magasin général. Il vint s'asseoir près de moi :

– Alors, Andrei, tu es réveillé ? Ne t'inquiète pas, tu n'es pas loin de chez toi, mais je suis médecin, vois-tu, et je ne voulais pas te laisser partir tout seul tout à l'heure. Tu devais d'abord te reposer et reprendre tes esprits. Irina t'a préparé un petit repas pour t'aider à te remettre.

Il se pencha sur moi et me dit doucement à l'oreille :

– Irina, c'est ma femme. Elle cuisine très bien et elle adore qu'on lui montre qu'on aime ce qu'elle sert à ses invités !

Une femme entra avec un plateau. Ses cheveux un peu grisonnants étaient coiffés en bandeau autour de son front. Elle portait un chemisier fleuri et une grande jupe noire. Elle me regarda une seconde de ses yeux bleu clair, me fit un petit signe de salut, à peine un mouvement de cils, et vint doucement poser le plateau sur mes genoux. Je le regardai sans bouger.

– Dan m'a dit que tu t'appelais Andrei, dit-elle d'une voix douce, mange, Andrei, tu n'as rien pris depuis ce matin, tu te sentiras mieux après, *dragutsi*...

Dragutsi ! C'est Bunica qui m'appelait toujours ainsi, pas elle ! Je voulus parler, faire un geste pour me lever, mais je tremblais et je claquais des dents.

–Qu'est-ce que, qu'est-ce qui m'arrive ?

–Rien de grave, n'aie pas peur ; mais tu n'as rien mangé depuis ce matin, peut-être même depuis hier soir. Tu as dormi une dizaine d'heures, je t'ai donné du sirop pour cela ; maintenant il faut reprendre des forces, comme te le disait Irina.

Un bol de bouillon sentait délicieusement

bon. Il me réchauffa. Je dévorai deux petites *kif-tele*, ces bonnes petites boulettes de hachis que j'adorais, avec un cornichon doux, et terminai par un morceau de *brinza* de Braïla.

Tous deux me regardaient. Ils avaient l'air émus, comme si c'était moi qui leur donnais quelque chose.

Irina prit le plateau quand j'eus terminé. Je croisai les yeux du médecin et dis :

–C'était bon, merci beaucoup !

Irina leva légèrement les sourcils puis me sourit :

–Je suis sûre que tu vas aller mieux maintenant, tu vas voir.

Elle sortit de la chambre.

–Monsieur…

–Appelle-moi Dan, tu veux bien ? Ça me fera plaisir…

–Oui, monsieur, enfin Dan, ma grand-mère, où elle est maintenant ?

–Elle va aussi bien que possible. Mais dis-moi, tu vis seul avec ta grand-mère depuis longtemps ?

–Quelques mois, pourquoi ?

–Alors tu as dû te rendre compte de certaines choses qu'elle ne faisait pas avant, non ?

–Si, mais…

–Ta grand-mère a un problème de santé qui n'est pas rare chez les personnes âgées. Elle oublie le présent et toutes ses petites règles invisibles, elle « décroche » de la réalité, pour suivre ses souvenirs, son idée, sa pensée du moment qui n'est pas forcément reliée à la pensée précédente ou à la suivante… Ces troubles rendent la vie solitaire impossible, ce serait trop dangereux pour elle, et tu ne peux pas veiller sur elle comme tu l'as certainement fait depuis un bon moment.

– Mais, où est-elle alors ?

– Pour le moment, à l'hôpital, elle a vraiment besoin d'être suivie. Elle est bien installée, ne t'inquiète pas. Le chef du service est mon ami. Moi aussi je travaille à l'hôpital, je ne te l'ai pas encore dit.

Quelques minutes s'écoulèrent. Je demandai :

– Pourquoi faites-vous tout ça ?

– Parce que tu étais sur mon chemin, petit Andrei… Tu vois, j'ai un garçon, plus grand que toi, il a vingt-quatre ans. Il termine ses études à l'étranger, on ne le voit pas souvent… C'est sa chambre ici… Ce matin, quand je t'ai vu tout seul sur le trottoir, j'ai pensé que cela aurait pu être lui, il y a quelques années. Irina dirait que c'est le destin… Mais si tu me racontais un peu maintenant ce que tes parents font en France ?

Je racontai tout, tout de suite : la maison, Vama Veche, Gilles, le métier de ses parents et des miens, la plage, le départ, les lettres,

Bunica. Je parlais et parlais, sans hésiter, je parlais et Dan écoutait, sans m'interrompre. Je parlais et je m'aperçus que j'avais une totale confiance en lui alors que la veille encore je ne le connaissais pas. Il me semblait que Dan et Irina avaient toujours été tout près de moi. Le battement de cils d'Irina tout à l'heure, l'attention de Dan étaient comme la première parcelle de terre ferme sur laquelle me reposer après avoir tenu si longtemps. Dan me demanda :

– Quel âge as-tu, Andrei ?

– Neuf ans et demi, presque dix ! dis-je en me redressant contre l'oreiller.

Il me regarda silencieusement quelques secondes.

– Tu as raison, Andrei, je te trouve très grand, murmura-t-il en me passant la main dans les cheveux.

23

Les jours qui suivirent, Dan et Irina me firent une place dans leur appartement. Pendant mon long sommeil, Dan avait téléphoné à mes parents, au laboratoire où ils travaillaient : le numéro se trouvait dans le portefeuille de Bunica, confié sans doute en cas d'accident grave... Il avait pu leur expliquer ce qui s'était passé, les rassurer autant qu'il le pouvait.

Mes parents ne nous avaient jamais téléphoné et je n'aurais pas imaginé pouvoir les entendre. Les liaisons téléphoniques étaient très difficiles à obtenir avec l'étranger et ils avaient dû aussi penser que les entendre me ferait plus mal encore. Sans doute avaient-ils eu raison.

Dan s'était lancé, le jour même de l'accident de Bunica, dans les démarches auprès de plusieurs administrations pour que je puisse immédiatement habiter chez eux. Ce n'est que bien plus tard que j'ai réalisé les prouesses de patience et d'ingéniosité qu'il avait dû déployer pour que l'autorisation soit donnée. Bien plus tard que j'ai su qu'il avait utilisé son pouvoir de médecin réputé pour convaincre, soutirer les coups de tampons et les signatures indispensables, lui qui répugnait tant à tous les comportements de corruption... Bien plus tard seulement, j'ai compris l'importance de mon arrivée dans leur vie.

Ils habitaient dans un immeuble ancien. Leur appartement était plus grand que le mien et les plafonds me paraissaient beaucoup plus hauts. Les meubles étaient moins nombreux, des tapis couvraient tous les sols; Irina aimait s'allonger par terre pour lire. Les livres et les journaux étaient partout : entrée, salle, chambres, jusqu'à la salle de bains.

Ils parlaient souvent tous les deux dans la cuisine. Un jour, je les rejoignis, attiré peut-être par la bonne odeur de la *mamaliga cu brinza** que préparait Irina. Je remarquai en entrant dans la cuisine que le robinet coulait bruyamment dans l'évier et que la radio marchait. Je tendis le bras vers l'évier, mais Dan m'arrêta.

– Non, non, laisse, c'est une habitude que nous avons prise depuis pas mal d'années, Irina et moi, quand nous avons des choses

* Purée de semoule de maïs avec du fromage.

importantes à nous dire : rien de tel que le bruit pour protéger l'intimité !

Dan m'emmenait à l'hôpital pour voir Bunica. On ne pouvait pas lui parler encore. Elle avait été victime d'une sorte de choc cérébral et elle ne pouvait revenir au monde et au présent que tout doucement. J'avais eu très peur la première fois que je m'étais approché du lit : des yeux mi-clos dans un visage inconnu semblaient me fixer, à moitié cachés par des cheveux blancs aux reflets blondasses. C'était une autre femme qui occupait le deuxième lit de la chambre. Bunica, toute menue sur l'oreiller, somnolait ou rêvait, mais ne prêtait aucune attention aux personnes qui se trouvaient près d'elle, pas même à moi qu'elle avait si souvent appelé le trésor de sa vie. Dan restait avec moi dans la chambre, puis me prenait par la main, après quelques minutes, pour me faire sortir. Je voyais dans les couloirs que tout le monde le connaissait. Les autres médecins le saluaient avec déférence et les infirmières s'empressaient. Je savais bien, pour avoir entendu mes parents en parler, que les malades n'étaient pas toujours bien traités à l'hôpital, qu'on manquait de médicaments et même d'eau ou d'électricité, et que les cadeaux que pouvaient faire les malades au personnel pesaient lourd dans la façon dont on s'occupait d'eux. En marchant à côté de Dan en blouse blanche, je savais

Bunica en sécurité, malgré les odeurs qui me serraient la gorge, les chariots surchargés de pansements, la peinture grise écaillée contre les murs.

Quelques jours après l'accident de Bunica, quand Dan eut en main les papiers nécessaires, il fallut se rendre à mon appartement pour y prendre des affaires.

– Mais, je vais habiter ici longtemps ?

– Certainement pas très longtemps, Andrei, mais ta grand-mère ne peut revenir chez vous pour le moment et il est impossible que tu habites tout seul…

– Mais alors, si tu n'avais pas été là, je serais…

Je n'osai pas aller au bout de ma question.

– Petit Andrei, soupira-t-il, si tu n'étais pas là, tu serais ailleurs, dans une famille, ou avec d'autres enfants de ton âge, je pense…

– Tu veux dire dans une famille qui m'aurait pris au hasard, ou dans un orphelinat ! Ne me dis pas le contraire, je le sais !

– Je ne te dirai pas le contraire, Andrei, mais il se trouve que j'étais là, dans cette rue, et que tu peux, pour le moment, vivre chez nous. Pour Irina et pour moi, tu es un peu comme notre deuxième fils, et si tu le veux bien, seulement si tu le veux bien, je peux arranger les choses pour que tu restes avec nous tant que tu ne pars pas rejoindre tes parents.

Nous étions dans le bureau où Irina travaillait souvent. Il y avait des feuilles de papier couvertes d'une écriture serrée sur tous les meubles et même par terre. Dan avait remarqué mon étonnement, la première fois que j'étais entré dans la pièce, et m'avait expliqué d'un air de conspirateur :

–Elle écrit des histoires !

Je chuchotai :

–Oh oui, je voudrais bien rester chez vous, mais...

–Mais ?

Je fixais une feuille écrite à l'encre violette, posée en équilibre sur le bras d'un fauteuil au tissu d'un rouge passé.

–Si ça durait longtemps encore, si... si les papiers, on ne pouvait pas les obtenir, ou...

–Ou ?

–Ou que mes parents ne s'en occupent plus vraiment...

–Tu ne crois pas ce que tu dis, Andrei ?

–Mais pourquoi pas ? Ils s'en vont, ils me disent que c'est pour un mois, puis pour trois mois, et ils finissent par m'annoncer qu'ils ne reviendront jamais, mais que Bunica et moi, on va les rejoindre très vite. Six mois, six mois ont passé et il n'y a toujours rien que leurs lettres pleines de mots et de phrases ! Bunica est à l'hôpital, moi je pourrais aussi bien être mort :

est-ce qu'ils sont là pour m'aider? Ils s'en moquent! Ils s'en moquent et je les déteste!

Je m'écroulai en larmes sur le tapis. J'avais peur moi-même des mots que je venais de crier à Dan.

Je sentis ses grandes mains solides me prendre par les épaules, je redressai la tête et soutins son regard.

– Voyons, Andrei, tu m'as dit toi-même que tu avais tout fait pour cacher la maladie de ta grand-mère à tout le monde, que tu corrigeais les lettres…

–Oui, c'est vrai, mais…

–Ils ne pouvaient donc pas connaître la véritable situation où tu te trouvais.

Dan soupira et continua :

–Il y a une chose que tu dois savoir, Andrei, tes parents ne peuvent pas revenir ici pour vivre comme avant, même s'ils en meurent d'envie, même s'ils sont malades de ton absence. S'ils revenaient, ils seraient immédiatement mis en prison, ils ne pourraient même pas te voir, tout serait perdu. Tu peux comprendre ça?

–Mais pourquoi ils ne me le disent pas…

–Qu'est-ce que cela apporte de se lamenter sur ce qui est?

Je crus percevoir ce léger mouvement d'épaules qu'avait Bunica devant la fatalité du monde en marche…

– Mais écoute, petit Andrei, si tu veux, nous allons leur écrire, tout leur expliquer. Il est fort possible que mon nom leur dise quelque chose. Je suis chirurgien et, comme je ne suis pas trop maladroit de mes doigts, il m'est arrivé d'opérer certaines personnalités, ils l'auront peut-être lu dans les journaux… Tu es d'accord ?

Je hochai la tête en saisissant sa main. Il me releva d'un geste en m'attrapant sous les bras et me dit :

– Allez, tu vas me montrer comment tu tiens un stylo !

24

Cet été-là fut très chaud. Le matin, je retournais souvent m'asseoir sur le petit mur de ciment, au bord du Danube. J'allais tremper mes jambes, je pensais aux beaux jours de l'été précédent, sur la plage d'Eforie. Dan m'emmenait voir Bunica tous les jours, au début de l'après-midi. Je montais dans sa voiture, une Dacia aussi, mais en meilleur état que la nôtre. Quelques infirmières me reconnaissaient et me souriaient.

Bunica semblait à nouveau plus proche de nous. Elle se levait, allait et venait dans la chambre qu'elle partageait toujours avec cette vieille femme qui restait tout le temps au lit, le plus souvent tournée vers le mur grisâtre. Elle paraissait revenir à la vie. Je la retrouvais presque. Mais Dan me dit un jour du mois d'août, sur le trajet du retour :

– Mon petit Andrei, ne crois pas trop au miracle, ta Bunica va mieux, c'est sûr, mais ne t'attends pas à ce que tout redevienne comme avant…

Deux jours plus tard, alors que nous étions encore dans le couloir, Bunica courut vers moi et me serra dans ses bras en me chuchotant à l'oreille, plusieurs fois, le prénom de mon père : je n'osai pas bouger. Dan, qui pourtant ne pouvait pas avoir entendu, s'approcha et nous sépara doucement, en entourant Bunica de ses bras. Elle le regarda avec étonnement, puis se laissa conduire jusqu'à sa chambre. Elle s'assit sur une chaise, près de la fenêtre, et regarda dehors sans plus nous prêter attention. Dan m'entraîna hors de la chambre et me tint par l'épaule dans les couloirs et les escaliers de l'hôpital jusqu'à la voiture. Il resta silencieux pendant tout le trajet de retour. Il gara la voiture le long du trottoir, devant leur immeuble. Avant de descendre, il mit sa main sur mon bras et me dit :

– Quoi qu'il arrive, Andrei, tu l'aides plus que quiconque, même si parfois elle croit que tu es quelqu'un d'autre….

À partir de cet après-midi-là, j'eus peur d'aller à l'hôpital, et ma peur, chaque jour, me faisait honte.

Les lettres de papa et maman arrivaient plus nombreuses. Il y en avait parfois trois par semaine. Je n'arrivais plus à croire que nous

nous retrouverions un jour, je n'arrivais plus à savoir si je les aimais ou les détestais. Une nouvelle année scolaire approchait : pourrais-je rester chez Dan et Irina encore longtemps ? Je m'aperçus que je n'étais même plus terrorisé à l'idée d'être envoyé chez des inconnus ou dans un orphelinat. Je m'aperçus à la fin de ce mois d'août de canicule que je commençais à cimenter chacune de mes pensées, à les canaliser et les ralentir au point de les rendre presque inertes…

Le 3 septembre, un lundi, Dan rentra en toute fin d'après-midi. Il ne vint pas me trouver tout de suite, comme il en avait l'habitude, dans cette chambre qui était devenue la mienne. J'entendis qu'Irina et lui se parlaient dans la cuisine. Mon cœur se serra ; il se passait quelque chose. N'y tenant plus, je courus à la cuisine. Irina avait les yeux rouges, Dan lui caressait la joue. Ils me regardèrent, Irina me dit :

– C'est une grande nouvelle, regarde !

Dan me tendit un dossier beige. Je le pris et le gardai fermé, le tenant de mes deux mains.

– Ouvre, Andrei, ouvre !

Je tournai la couverture cartonnée. Il y avait un petit livret bleu marine, et dessous une pochette en longueur, avec le mot « Tarom * », en

* Compagnie aérienne roumaine.

bleu. Je levai la tête. Dan me fit signe de regarder encore. J'ouvris le petit livret : c'était un passeport, avec ma photo, mes empreintes ; je me souvins que Bunica m'avait emmené pour remplir des papiers dans plusieurs bureaux, il y avait déjà si longtemps. Je levai les yeux. Dan se pencha sur moi : ce calme immense dans son regard, ses mains si grandes et si adroites autour de mes épaules me permirent de rester debout, bien droit. Je ne dis rien. Le silence qui durait m'était nécessaire : la moindre parole risquait de tout briser. Dan me sourit :

– Eh bien, ça y est, Andrei, tu vois, te voilà au bout du voyage…

Quelle ombre vit-il dans mes yeux à ce moment-là pour ajouter :

– Mais non, n'aie pas peur, tout se passera bien, tu verras.

25

– Tu as vu, Andrei, la date, sur le billet d'avion ?

Dan l'ouvrit et me montra. Au bout de son index, je lus :

Bucuresti. 07/09/87. 14 h – Paris. 07/09/87. 17 h.

– Mais, c'est, c'est…

– Dans quatre jours, Andrei, quatre petits jours : nous sommes lundi, tu y seras vendredi prochain.

– Mais, mes parents, comment sauront-ils ?

– Ils savent déjà : je les ai prévenus par télégramme dès que j'ai eu les papiers.

– Mais, papa disait que toute une famille ne pouvait pas quitter le pays, je m'étais même dit que je, que…

– Que tu quoi, Andrei ? demanda doucement Irina.

– Que je ne les reverrais jamais, que le prix à

payer, pour leur départ, c'était moi, moi et Bunica…

– Tu n'avais pas tout à fait tort. Ils n'auraient jamais pu partir ensemble pour la France si toi et ta Bunica n'étiez pas restés ici. Tu vois, Andrei, il y a des familles qui sont restées séparées pendant des années, il y en a même qui ne se sont jamais retrouvées…

– Dan !

Irina avait presque crié. Les yeux de Dan, qui étaient devenus lointains et encore plus sombres, me regardèrent à nouveau. Son sourire revint.

– Mais alors, pourquoi moi ?

Ils échangèrent un regard.

– Je vais t'expliquer, Andrei. Tu sais que je suis chirurgien ? Eh bien, il se trouve que je soigne en ce moment quelqu'un de très, très, très haut placé en Roumanie. Il se pencha vers moi et chuchota en faisant un clin d'œil : un ministre ! Il est bien possible que je sois le seul médecin capable de l'opérer dans ce pays. Il a une totale confiance en moi, surtout dans mes mains ! Il ne pouvait pas me refuser ce petit service que je lui demandais, même si je n'aime pas faire ce genre de choses… Tu comprends ?

Je comprenais, enfin, un peu.

– Mais, et Bunica ?

– Andrei, ta Bunica ne peut pas partir avec

toi pour l'instant. Elle est encore bien trop fragile, la fatigue du voyage et surtout le choc du changement pourraient compromettre toute amélioration, tu comprends ?

Je comprenais. Je me revis assis dans le noir, sur le carrelage de la cuisine, cet hiver. La tache de lumière, le grand vide de plusieurs carreaux était au bout de mes pieds, une petite araignée, tout au milieu, ne bougeait pas.

– Andrei, mon petit *corcodoush*, allons, il faut que tu te raisonnes, ta Bunica te rejoindra dans quelques semaines, et tu vas retrouver tes parents, tes parents, Andrei !

Irina me frottait les mains et me regardait avec inquiétude. Elle ajouta en se forçant à sourire :

– C'est moi qui devrais être triste, après tout. Je vais perdre mon deuxième petit garçon ! Son sourire chavira brusquement, elle détourna la tête. Je saisis son bras et m'entendis demander :

– Mais où il est, vraiment, votre garçon ?

Irina ne se retourna pas, c'est Dan qui me dit :

– Pourquoi poses-tu cette question ?

– Je ne sais pas, vous n'en parlez jamais, et puis vous n'avez pas de nouvelles de lui depuis que je suis chez vous, et puis sa chambre, j'ai trouvé que…

Irina me tournait toujours le dos, Dan attendait.

– J'ai eu l'impression que personne n'y était venu depuis très longtemps, des années, comme si votre fils ne revenait jamais… C'est pour ça…

– Ne dis plus rien, mon petit Andrei, coupa Dan, s'il te plaît.

Je sentis comme une supplication dans ses mots, je vis dans ses yeux sombres, ses cheveux argentés, les rides autour de sa bouche, une ombre glacée. Je mis mes bras autour de son cou et j'eus l'impression, cette fois, que c'était lui qui s'appuyait sur moi.

26

Quelques amis de mes parents vinrent me dire au revoir pendant les trois jours qui suivirent. Ils pleuraient en me serrant contre eux. Moi, je ne les voyais pas. Dan et Irina me semblaient maintenant plus proches. Je pus m'échapper, le jeudi matin, et j'allai m'asseoir sur le petit mur de ciment, au bord de la berge pavée du Danube. Grigore vint m'y retrouver. Je ne l'avais plus revu depuis que j'habitais chez Dan et Irina, il me parut plus grand, plus fort. Il s'assit à côté de moi. Au bout d'un moment, il me tendit un paquet enveloppé dans du papier journal.

– Tiens, capitaine Crochet, pour emmener là-bas.

Je défis le papier, ouvris une petite boîte en carton. C'était un nid de roseaux et de boue séchée, pas plus grand que ma main.

– Je l'avais trouvé, il y a longtemps, dans le delta…

Je relevai la tête : il partit en courant sur les pavés, grimpa l'escalier qui remontait vers la ville sans se retourner, je suivis sa silhouette qui disparut au rythme de sa course. Je fermai la boîte avec précaution et rentrai lentement en la tenant à deux mains.

L'après-midi, Dan me dit en m'emmenant à l'hôpital :

– Elle vous retrouvera en France, Andrei, pour elle, les jours n'ont plus la même durée : ne lui dis rien, tu risquerais de lui faire beaucoup trop mal.

Bunica était debout. Elle se tenait près de la fenêtre et nous vit entrer dans la chambre avec un léger sourire, puis elle se détourna et regarda dehors. Je m'approchai d'elle et m'aperçus que je pouvais passer mon bras autour de ses épaules. J'étais maintenant un peu plus grand qu'elle. Sa robe de chambre semblait flotter autour d'elle et je sentais son bras si menu sous ma main. Quelques cheveux gris échappés des peignes qu'elle ajustait moins bien et moins souvent qu'avant flottaient devant mes yeux. Elle regardait devant elle. Se rendait-elle au moins compte que j'étais à ses côtés? Je ne pus m'empêcher de murmurer : « Bunica! » Elle ne réagit pas. Puis, après quelques secondes, elle tourna doucement la tête et me regarda. Ses yeux s'éclairèrent tout à coup, elle approcha une main un peu hésitante, me caressa la joue comme elle l'avait toujours fait et me dit :

– Andrei, *dragutsi*, tu seras bien sage, n'est-ce pas ?

– Oui, Bunica, je te le promets.

Elle ne me regardait déjà plus. Elle s'éloigna à tout petits pas vers le lit où elle s'allongea sans plus me prêter la moindre attention.

Dan me toucha l'épaule. Je savais que c'était le moment. Je plongeai ma main dans ma poche où je trouvai tout de suite la petite cigogne dorée qui ne me quittait pas depuis tant de mois. Je m'approchai du lit. Bunica avait une minuscule chaîne en or que je lui avais toujours connue autour du poignet. J'actionnai doucement le fermoir, passai l'anneau de la cigogne, reposai le bras de Bunica qui somnolait. Je me retournai vers Dan qui m'entraîna aussitôt et me serra l'épaule jusqu'à sa voiture. Quand il eut claqué sa portière, je lui dis plus fort que je ne l'aurais voulu :

– Je ne veux pas que ce soit la dernière fois, Dan, je ne veux pas de dernière fois ! J'ai attendu ce jour-là plus que tout, et maintenant, maintenant, je me dis que Bunica ne m'aurait jamais abandonné. C'est à côté d'elle que je dois rester, je ne peux pas la laisser comme ça !

Dan me parla, lentement, de moi, de ma vie, de mes parents, il parlait et je sentais une simple tristesse remplacer le désarroi et la colère. Il me dit enfin :

– Tu es un peu devenu notre fils pendant ces quelques semaines, pour Irina et pour moi. Tu ne le sais pas, mais tu lui ressembles un peu, enfin quand il avait ton âge. Ton départ est quelque chose d'important pour nous aussi, mais rien n'est fini, au contraire. Je veillerai sur ta Bunica comme si c'était ma mère, jusqu'à ce qu'elle puisse venir aussi. Tu me crois, Andrei ?

Je le croyais en me serrant contre lui, je le croyais et je savais aussi qu'il ne pouvait pas me rendre ma Bunica, ni ma vie d'avant l'été dernier ni les mirages de mon enfance.

27

Il fallut retourner dans notre appartement vide pour trier les quelques objets que j'emporterais dans ma valise, revoir la cuisine, le coin, par terre, près du placard à pommes de terre, les coussins brodés sur le canapé de la salle à manger, le cabas noir de Bunica abandonné près de la porte d'entrée, la table des repas, des goûters, du travail, le tapis tissé où j'avais cru voir tous les labyrinthes du monde, une photo encadrée au mur, prise le jour de mes cinq ans… Je n'osais rien toucher. Le petit bol bleu était toujours posé près de l'évier, avec les menus objets trouvés par Bunica lors des dernières lessives. Il me semblait contenir toute ma vie d'alors, ma vie de là-bas. Je l'ai pris. C'est le seul objet que j'aie emporté. Aujourd'hui encore, il suffit que je le regarde pour y trouver tous mes secrets d'enfant.

Dan et Irina m'emmenèrent à Bucarest en voiture, la veille du départ. Je regardais les villages que nous traversions, les routes de terre et de poussière où jouaient des enfants pieds nus, les charrettes traînées par les chevaux, les maisons basses aux toits de bois, les champs de tournesols. Je repensais à des photos de la ville où les Balland habitaient, et je me faisais tout bas des serments de retour.

Nous devions passer la nuit chez une sœur d'Irina qui habitait un appartement proche du centre de Bucarest. C'était une femme vive et chaleureuse, plus âgée qu'Irina. Elle était veuve et vivait seule. Elle avait préparé une table couverte de plats : poivrons grillés, feuilles de chou farcies, *kiftele*, purée d'aubergines : « En l'honneur d'Andrei, pour qu'il emporte avec lui un peu de son pays ! », dit-elle en me caressant les cheveux. Je mangeai avec application. Je remplis mes yeux de ces couleurs et mes narines des parfums que, je le savais bien, je ne retrouverais plus avant longtemps. Je me jurai plusieurs fois de ne jamais les oublier.

Dan, Irina et sa sœur parlaient entre eux. Je leur étais reconnaissant de ne pas chercher à me faire participer à la conversation, même si je sentais glisser vers moi des regards attentifs et déjà tristes.

Dan me fit coucher dès le repas terminé. On m'installa sur un canapé. Dan et Irina vinrent me dire bonne nuit. Je les respirais, je les regardais tous les deux. Dan me dit :

– Nous non plus, petit Andrei, nous ne t'oublierons pas, tu seras notre enfant de France, nous attendrons chaque jour des nouvelles de toi. Il faut que tu t'endormes maintenant, la journée sera longue demain pour toi.

Je pensai à demain. J'allais retrouver mes parents, et peut-être aussi Gilles, Marianne, qui m'avait aidé, peut-être sans s'en douter, à tenir mon vol tout ce temps comme la petite cigogne au-dessus de l'attente. J'y pensais et la fine toile de fer qui me serrait le cœur depuis tant de mois ne se desserrait pourtant pas. Je voyais les yeux attentifs de Dan, ses rides autour de la bouche, ses grandes mains larges et fines ; je voyais les mouvements attentionnés d'Irina, son visage qui m'apaisait d'un battement de cils. Je voyais aussi les yeux gris de maman et, pour la première fois depuis longtemps, je crus sentir l'odeur de son cou. J'entendais la voix grave de papa. Ses paroles toujours si précises résonnaient dans ma tête avec celles plus aiguës de Grigore et de Gilles. Les cheveux dorés de Doïna se mêlaient à quelques mèches blanches échappées d'un peigne de Bunica, les pavés du bord du Danube succédaient au sable d'Eforie et aux routes rouges de la carte de France tant de fois dépliée sur la table de la salle à manger.

Je m'endormis le cœur lourd comme à la veille du départ de papa et maman. Les cris multiples des coqs de Bucarest me réveillèrent au lever du jour.

Irina m'aida à m'habiller, à faire ma toilette, tenta de me faire prendre un petit déjeuner copieux, mais je ne pus que boire un peu de thé. Ce fut bientôt l'heure du départ pour l'aéroport d'Otopeni. La sœur d'Irina me serra dans ses bras et me dit à l'oreille : « Tu es un peu leur petit garçon, tu lui ressembles tant, Andrei, il ne faudra pas les oublier, même quand tu seras si loin d'eux, n'est-ce pas ? » Je répondis tout bas : « Jamais ! » Et ce serment était ma seule certitude.

En roulant vers l'aéroport, je reconnus le grand palais qui avait fait pleurer Bunica un jour, pour une église détruite sur le tracé du boulevard présidentiel. Bunica, ton sourire, le geste pour remettre les peignes de tes cheveux, ton gilet gris, ta main sur mes joues…

La route sortait de la ville : d'un côté, des petites maisons, des jardinets dévastés, de l'autre, des immeubles au béton hérissé de ferrailles, aux fenêtres béantes… Des camions brinquebalants croisaient des chevaux tirant des remorques et des voitures.

– Tu verras, Andrei, me lança Dan, quand tu reviendras, un jour, tu auras l'impression d'être un étranger ! Mais enfin, qui sait, peut-être aussi que tout aura changé…

L'avion était là, sur la piste, énorme. Dans la

salle de l'aéroport, beaucoup de touristes français attendaient de pouvoir embarquer et parlaient très fort. Je n'avais plus entendu cet accent-là depuis des mois, j'eus l'impression d'être déjà aspiré vers ailleurs, vers ce pays que Bunica m'avait fait aimer, la première, par les mots.

Un appel retentit dans l'aéroport : les passagers du vol pour Paris devaient se présenter à la douane. Dan portait ma valise, il me prit la main, Irina passa son bras autour de mes épaules. Une file se forma, progressant par à-coups. Je me trouvai devant deux hommes en uniforme. Dan présenta mon passeport que l'un d'eux examina attentivement. Je retins mon souffle : si tout n'était pas en règle, s'il décidait de ne pas me laisser passer? Au bout d'interminables secondes, le passeport fut rendu. L'homme nous fit signe d'avancer vers une autre file, plus loin. Avant que nous l'ayons rejointe, Dan m'arrêta :

– Andrei, il faut nous dire au revoir maintenant, nous ne pourrons pas t'accompagner après le portillon, là-bas.

Il posa ma valise et passa autour de mon cou le petit sac où se trouvaient mes papiers. Je me jetai dans ses bras.

– Petit Andrei, tu verras, la vie va couler toute seule devant toi, il ne faut pas pleurer, ton voyage sera le plus beau!

Irina me prit aussi contre elle, je sentis des larmes sur ses joues.

– Tu nous a redonné envie de vivre, tu seras toujours avec nous et je t'enverrai des histoires que j'écrirai pour toi.

Il y eut un autre appel dans la salle de l'aéroport. Dan me poussa vers la file qui se pressait. Ma valise fut ouverte, mes papiers encore vérifiés. Un homme palpa tous mes vêtements. J'étais déjà de l'autre côté. Je me retournai, aperçus encore Dan et Irina qui me faisaient signe, puis je ne les vis plus. Quelques dizaines de minutes plus tard, tout le groupe des voyageurs fut dirigé vers une porte. Je montai dans un car qui nous emmena près de la passerelle. En gravissant les premières marches, je remarquai un couple avec deux filles. Ils parlaient français : je revis ma course dans Braïla à la recherche de Bunica.

L'hôtesse m'indiqua un siège à côté d'un monsieur qui me sourit et se leva pour installer ma valise dans le coffre au-dessus de ma tête. Mes papiers étaient toujours autour de mon cou.

Quand les moteurs se mirent à siffler, je remontai mes jambes sur le siège et posai ma tête sur mes genoux, contre mes poings serrés sur le vide.

Biographie

Je suis née à Caen en 1955 de parents qui n'avaient pas le même accent. Sans doute mes études de langues ont-elles quelque chose à voir avec cela.
Mais finalement, ce sont les bibliothèques qui m'ont attrapée: elles me tiennent toujours.
Quant à l'écriture c'est une autre histoire...

F. L.

Dans la collection

Le Petit Bol de porcelaine bleue,
Françoise Legendre
Jeu sans ballon, Jean-Noel Blanc
Les Volets clos, Marie-Sophie Vermot
L'Arbre, Hubert Mingarelli
Preuves à l'appui, Claude Bourgeyx
Le Barrage, Pilar Mateos
Le Bateau-Feu, Daniel Meynard
La Jeune Fille au balcon, Leïla Sebbar
Phobos, les mal famés, Abdelkader Amlouk, Kaïs Gachita, Laouari Haddadi, Mustapha Laoukiri, Karim N'mili, Mounir Toumi
Des gens tout simples, Feng Jicai
L'Oisif surmené, Hervé Jaouen
Kiev 41, *Babi Yar*, Muriel Pernin
Avec tout ce qu'on a fait pour toi,
Marie Brantôme
Le Phare de la vieille, Yves Heurté
Le Jour de la cavalerie, Hubert Mingarelli
Un été 58, Jean-Paul Nozière

Achevé d'imprimer
sur les presses
de l'imprimerie Bussière
en mai 1996.